शेयर बाजार में कामयाबी कैसे हासिल करें

दिनकर कुमार

डायमंड बुक्स

प्रकाशक : डायमंड पॉकेट बुक्स (प्रा.) लि.
X-30 ओखला इंडस्ट्रियल एरिया, फेज-II
नई दिल्ली-110020
फोन : 011-40712200
ई-मेल : sales@dpb.in
वेबसाइट : www.diamondbook.in

Share Bazar Me Kamyabi Kaise Hansil Karen
By : Dinker Kumar

अनुक्रमणिका

शेयर के बारे में जानने योग्य बातें

आपने शेयर बाजार में होने वाली जबर्दस्त कमाई के किस्से जरूर सुने होंगे और आपके मन में भी इस तरह का मुनाफा हासिल करने की इच्छा जागी होगी। लेकिन आपने अपने किसी मित्र के बारे में ऐसी डरावनी खबर भी सुनी होगी कि वह किस तरह शेयर बाजार में अपनी सारी जमा-पूंजी गंवा बैठा और तब आपने खुद को ढाढ़स बंधाया होगा कि शेयर बाजार में पैसे न लगाकर आपने ठीक ही किया।

शेयर के बारे में पूर्वाग्रह छोड़कर यह जानने की कोशिश करें कि शेयर है क्या?

विवेकवान निवेशक काफी समझदारी के साथ शेयर खरीदते हैं और मुनाफा बटोरने में सफल भी होते हैं।

कई अध्ययनों से स्पष्ट हो चुका है कि दीर्घ अवधि में दूसरी सभी संपत्तियों की तुलना में शेयर से सबसे ज्यादा कमाई होती है। इसका मतलब है कि आप बौंड, फिक्स्ड डिपोजिट या सोने में निवेश करके जितना मुनाफा हासिल कर सकते हैं, उससे ज्यादा मुनाफा शेयर बाजार में निवेश करके हासिल कर सकते हैं।

यह भी सच है कि शेयर के साथ जोखिम भी जुड़ा होता है, लेकिन अगर आप लंबे समय तक खेलने में यकीन करते हैं तो आपको मुनाफा हासिल करने से कोई रोक नहीं सकता।

लेकिन शेयर बाजार में निवेश करने से पहले जरूरी है कि आप शेयर के बारे में जरूरी बातों को अच्छी तरह समझ लें।

1. शेयर केवल मेधावी लोगों के लिए ही नहीं है

शेयर को समझना अंतरिक्ष विज्ञान को समझने की तरह कठिन नहीं है। आप अपनी संपत्ति को किस तरह अधिक से अधिक बढ़ाना चाहते हैं और नुकसान की वजहों को किस तरह दूर कर सकते हैं, इस तरह की रणनीति बनाने के लिए अत्यधिक मेधावी होने की जरूरत नहीं है।

अगर आप सोचते हैं कि आपके पास पर्याप्त समय नहीं है तब आप किसी पोर्टफोलियो मैनेजर या म्यूचुअल फंड के जरिए निवेश कर सकते हैं। लेकिन

आपको कुछ बुनियादी बातों की जानकारी रखनी पड़ेगी। यह जानना पड़ेगा कि कौन सा फंड बेहतर है, फंड मैनेजर का चुनाव किस तरह किया जाए और उसके प्रदर्शन पर किस तरह नजर रखी जाए।

2. शेयर क्या है?

किसी भी व्यवसाय में कई प्रकार की संपत्तियां होती हैं-मशीन, भवन, फर्नीचर, नगदी इत्यादि।

इसी तरह व्यवसाय में देनदारियां भी होती हैं। कंपनी पर दूसरों का बकाया होता है। बैंक का ऋण, उधार ली गई सामग्रियां आदि देनदारियां कहलाती हैं।

कुल संपत्ति में से देनदारियों को घटाने के बाद जो बचता है उसे मूलधन कहते हैं।

संपत्ति - देनदारियां = मूलधन

मूलधन वह राशि है जो व्यवसाय में व्यक्ति के पास होता है। जैसे-जैसे कारोबार बढ़ता जाता है और लाभ होने लगता है, वैसे-वैसे मूलधन भी बढ़ता जाता है।

इसी मूलधन को शेयरों (या स्टॉक) के रूप में विभाजित किया जाता है।

अगर किसी कंपनी का मूलधन 10 करोड़ रुपए है तो इसे 10 रुपए प्रति शेयर के रूप में एक करोड़ शेयरों में विभाजित किया जा सकता है।

मूलधन का हिस्सा या कुछ शेयर उनके पास रहता है जो कारोबार को शुरु करते हैं और उन्हें प्रोमोटर्स कहा जाता है।

बाकी शेयर निवेशकों के पास होता है। ये निवेशक हम और आप जैसे आम लोग होते हैं या म्यूचुअल फंड और अन्य संस्थागत निवेशक होते हैं।

3. शेयर खरीदने का अर्थ क्या है?

अब आप समझ गए होंगे कि शेयर खरीदने का अर्थ कारोबार में हिस्सेदारी हासिल करने की तरह होता है।

जब आप शेयर में निवेश करते हैं तब आप बाजार में नहीं निवेश करते। आप एक कंपनी के इक्विटी शेयर में निवेश करते हैं। इस तरह आप कंपनी के शेयर होल्डर या आंशिक रूप से मालिक बन जाते हैं।

चूंकि आप कंपनी की संपत्ति के अंश के स्वामी होते हैं, इस तरह संपत्ति से अर्जित होने वाले मुनाफे या घाटे के हिस्सेदार भी बन जाते हैं।

मान लीजिए आप गुजरात अंबुजा सीमेंट के 100 शेयरों के मालिक हैं तो

इसका अर्थ है कि आप उस कंपनी के क्षुद्रतम हिस्से के स्वामी हैं चूंकि उस कंपनी के लाखों शेयर हैं।

शेयर खरीदने का अर्थ है कि किसी कारोबार को चलाने का सिर दर्द मोल लिए बिना ही उस कारोबार का हिस्सेदार बन जाना।

उदाहरण के तौर पर अगर गुजरात अंबुजा सीमेंट को मुनाफा होता है तो आपके शेयर का भाव भी बढ़ सकता है या घाटे की नौबत आने पर आपके शेयर का भाव भी घट सकता है।

4. भाव में वृद्धि का अर्थ क्या है?

अगर किसी कंपनी ने अपने मूलधन को 10 रुपए प्रति शेयर के हिसाब से विभाजित कर दिया है तो 10 रुपए को शेयर का 'फेस वैल्यू' कहा जाएगा।

जब शेयर की खरीद-बिक्री शेयर बाजार में की जाएगी तो उसकी मांग और आपूर्ति के आधार पर उसके भाव में भी अंतर आ जाएगा।

अगर सभी उसी कंपनी के शेयर खरीदना चाहेंगे तो भाव में वृद्धि आ जाएगी। अगर कोई शेयरों को खरीदने में दिलचस्पी नहीं लेगा और ज्यादा से ज्यादा लोग उस कंपनी के शेयरों को बेचना चाहेंगे तब भाव नीचे चला जाएगा।

किसी भी समय शेयर बाजार में शेयर के मूल्य को 'शेयर का मूल्य' या शेयर का मार्केट वैल्यू कहा जाता है। इस तरह 10 रुपए के फेस वैल्यू वाले शेयर को 55 रुपए में (फेस वैल्यू की तुलना में अधिक कीमत पर) या 9 रुपए में (फेस वैल्यू की तुलना में कम कीमत पर) बेचा जा सकता है।

जब किसी कंपनी के शेयरों की संख्या के साथ उनके मार्केट वैल्यू को गुणा किया जाता है तो मार्केट कैपिटलाइजेशन सामने आता है।

उदाहरण के तौर पर 1 नवंबर 2006 को एक कंपनी के एक करोड़ शेयरों का फेस वैल्यू 10 रुपए और मार्केट वैल्यू 30 रुपए है तो 1 नवंबर 2006 को उसका मार्केट कैपिटलाइजेशन 30 करोड़ रुपए कहलाएगा।

5. शेयर कैसे खरीदा जा सकता है?

यह अच्छी बात है कि आप शेयर बाजार में किस्मत आजमाना चाहते हैं। स्टॉक एक्सचेंजों में शेयरों की खरीद-बिक्री की जाती है । भारत के दो प्रमुख स्टॉक एक्सचेंज हैं-नेशनल स्टॉक एक्सचेंज (एन.एस.ई.) और बंबई स्टॉक एक्सचेंज (बी.एस.ई.)।

आप तीन तरीके से शेयर खरीद सकते हैं : अपने ब्रोकर के माध्यम से, ऑनलाइन या उस समय खरीद सकते हैं जब कोई कंपनी शेयर इश्यू करती है। इसे 'इंशियल पब्लिक ऑफरिंग' (आई.पी.ओ.) कहते हैं।

तेजी से अमीर बनाने की चाबी

बैंक की जमा योजनाओं से अगर शेयर बाजार में निवेश की तुलना की जाए तो आपको हानि-लाभ में जमीन-आसमान का फर्क दिखाई दे सकता है। शेयर बाजार में आप बड़े पैमाने पर मुनाफा बटोर सकते हैं। आपने सुना भी होगा कि किस तरह कुछ लोगों ने एक साल के निवेश के दौरान ही दोगुना लाभ हासिल कर लिया। आपने यह भी सुना होगा कि जब शेयर बाजार लुढ़कता है तो कई निवेशक अपने निवेश की एक चौथाई से भी ज्यादा हिस्सा गंवा बैठते हैं।

शेयर बाजार के साथ अपने बैंक के फिक्स्ड डिपोजिट की तुलना करके देखें। आपको फिक्स्ड डिपोजिट में निवेश की गई राशि पर हर साल केवल पांच से छह फीसदी तक लाभ मिल पाता है, लेकिन आपका निवेश किया गया पैसा अपनी जगह सुरक्षित रहता है।

जब आप अपनी राशि बैंक में जमा करते हैं तो इसका अर्थ होता है कि एक निश्चित अवधि के लिए (महीने या साल) निश्चित लाभ दर (ब्याज की दर) पर आप बैंक को कर्ज देते हैं। अवधि पूरी होने पर बैंक आपको मूल राशि के अलावा ब्याज भी वापस करता है।

जब आप शेयर में निवेश करते हैं, तब आप बाजार में निवेश नहीं कर रहे होते हैं (जैसाकि कई निवेशक सोचते हैं)। आप किसी कपंनी के इक्विटी शेयर में निवेश करते हैं। इस तरह आप उस कंपनी के शेयर धारक या अंशीदार बन जाते हैं।

इसमें सबसे अच्छी बात यह होती है कि कंपनी की संपत्ति के अंशीदार होने के नाते उस संपत्ति पर मिलने वाले लाभ का हिस्सा पाने के लिए आप हकदार बन जाते हैं।

इसमें जोखिम वाला पहलू यह होता है कि अगर कंपनी को किसी तरह का नुकसान उठाना पड़ता है तो उस नुकसान में भी आपको अंशीदार बनना पड़ता है।

अगर आप एक शेयर धारक हैं तो कंपनी को मिलने वाले लाभ से आप दो प्रकार से फायदे में रह सकते हैं : कैपिटल एप्रीसिएशन या डिविडेंट।

डिविडेंट

सामान्य तौर पर जब कोई कंपनी अपने अर्जित मुनाफे का जब वितरण करती है तो उसे डिविडेंट कहा जाता है।

उदाहरण के तौर पर : किसी कंपनी ने वर्ष 2006-2007 में 1 करोड़ रुपए का मुनाफा अर्जित किया। उसने आधी राशि को कंपनी के लिए रख लिया। इस राशि से नई मशीनें या कच्चा माल खरीदा जाएगा या बैंक के ऋण को चुकाया जाएगा। शेष आधी राशि को कंपनी शेयर धारकों के बीच डिविडेंट के रूप में वितरित कर देगी।

मान लीजिए कि कंपनी की पूंजी 10,000 शेयरों में विभाजित है। इसका अर्थ है कि मुनाफे का आधा हिस्सा-50 लाख रुपए-10 हजार शेयरों में विभाजित किया जाएगा और प्रत्येक शेयर के हिस्से में इस तरह 500 रुपए आएंगे। इस तरह प्रति शेयर 500 रुपए की राशि को डिविडेंट कहा जाएगा। अगर आपके पास कंपनी के 100 शेयर हैं तो आपको 50,000 रुपए का चेक (100 शेयर × 500 रुपए) कंपनी से मिलेगा।

कभी-कभी प्रतिशत के आधार पर डिविडेंट प्रदान किया जाता है। जैसे कंपनी कह सकती है कि वह 50 प्रतिशत डिविडेंट देगी। यहां याद रखना जरूरी होगा कि शेयर के फेस वैल्यू पर इस तरह का डिविडेंट दिया जाता है। इसका अर्थ है, अगर किसी शेयर की फेस वैल्यू 10 रुपए है तो 50 प्रतिशत डिविडेंट का मतलब प्रति शेयर 5 रुपए होगा।

ऐसा भी हो सकता है कि आपने शेयर खरीदते समय फेस वैल्यू 10 रुपए प्रति शेयर नहीं दिया हो और उस समय के मार्केट वैल्यू के अनुसार प्रति शेयर 100 रुपए अदा किया हो। वैसी स्थिति में भी आपको प्रति शेयर डिविडेंट के तौर पर 5 रुपए ही मिलेंगे। प्रतिशत के अर्थों में देखा जाए तो आपको महज 5 प्रतिशत लाभ ही मिलेगा और कंपनी की घोषणा के अनुसार पचास प्रतिशत लाभ नहीं मिलेगा।

यह भी हो सकता है कि आपने मार्केट वैल्यू के अनुसार 9 रुपए प्रति शेयर खरीदा हो। वैसी स्थिति में भी डिविडेंट के रूप में आपको प्रति शेयर 5 रुपए ही मिलेंगे।

कैपिटल गेन

जैसे-जैसे कंपनी का विस्तार और विकास होता है उसकी संपत्ति और

मुनाफे में भी वृद्धि होती जाती है। इसके साथ ही उसके कारोबार का महत्त्व भी बढ़ता जाता है। इस तरह उसके शेयर की कीमत भी बढ़ती जाती है। इसीलिए जब आप ऐसी कंपनी का शेयर बेचते हैं तो आपको प्रीमियम मिलता है। इसे 'कैपिटल गेन' कहकर पुकारा जाता है और इसी के आकर्षण में अधिकांश निवेशक शेयर बाजार में निवेश करते हैं। निवेशक लाभ प्राप्त कर ज्यादा से ज्यादा धन कमाना चाहते हैं और ऐसा शेयरों में निवेश के जरिए मुमकिन हो सकता है।

वैसे मुनाफा कमाना उतना आसान भी नहीं होता। शेयर के भाव में निरंतर परिवर्तन होता रहता है। जिस कीमत पर आप शेयर खरीदते हैं उसकी तुलना में शेयर का भाव ज्यादा भी हो सकता है या कम भी हो सकता है।

अगर आप एक शेयर 10 रुपए में खरीदते हैं और एक साल बाद उसे 20 रुपए में बेच देते हैं तो आपको 10 रुपए का लाभ या 100 प्रतिशत लाभ हासिल होता है।

या, अगर आप एक शेयर 10 रुपए में खरीदते हैं और एक साल बाद उसे 9 रुपए में बेच देते हैं तो आपको 1 रुपए का नुकसान या 10 प्रतिशत नुकसान होता है।

अब डिविडेंट और कैपिटल गेन का एक साथ जायजा लेकर देखें।

अगर आप एक शेयर 10 रुपए में खरीदकर एक साल बाद उसे 20 रुपए में बेच देते हैं तो आपको 10 रुपए या 100 प्रतिशत का मुनाफा होता है।

इसमें डिविडेंट के रूप में मिलने वाले 5 रुपए को भी जोड़ दें तो आपका मुनाफा 10 रुपए+5 रुपए = 15 रुपए या 150 प्रतिशत होगा।

अगर आप एक शेयर 10 रुपए में खरीदकर एक साल बाद उसे 9 रुपए में बेचते हैं तो आपको प्रति शेयर 1 रुपए का नुकसान होता है।

जबकि डिविडेंट के रूप में आपको 5 रुपए मिलते हैं। इस तरह कंपनी से 4 रुपए का लाभ आपको एक शेयर पर हासिल हो जाता है।

प्रतिशत के आधार पर आपको 40 प्रतिशत का मुनाफा हासिल होता है।

निवेश और कर

अगर आप नियमित कर दाता हैं तो यह जान लें कि सरकार की नई आर्थिक नीतियों में शेयर बाजार में निवेश करने वालों की सुविधा पर विशेष ध्यान दिया गया है। डिविडेंट पर कोई कर देना नहीं पड़ता है। न ही दीर्घ अवधि के कैपिटल गेन पर आपसे कोई कर मांगा जाएगा। इसका मतलब है,

अगर आप एक शेयर खरीदते हैं और उसे कम से कम एक साल तक अपने पास रखने के बाद मुनाफे की दर पर बेच देते हैं तो अपने मुनाफे के लिए आपको किसी तरह का कर देने की जरूरत नहीं है। अगर आप अपने शेयर को एक साल के भीतर ही बेच देते हैं तो अल्प-अवधि कैपिटल गेन टैक्स के रूप में आपसे 10 प्रतिशत वसूला जा सकता है।

शेयर में निवेश करना जोखिम का काम तो है लेकिन तेजी से अमीर बनने का यह अचूक सूत्र भी है। शायद यही कारण है कि ज्यादा से ज्यादा लोग शेयर बाजार की तरफ आकर्षित हो रहे हैं।

जानिए शेयर बाजार को

देश में इक्विटी कल्चर को विकसित करने में शेयर बाजार ने महत्त्वपूर्ण भूमिका निभाई है। मुंबई शेयर बाजार में रोजाना लगभग 2500 कंपनियों की ट्रेडिंग होती हैं।

ट्रेडिंग सेटलमेंट

शेयर बाजार में फिलहाल टी प्लस टू नियम से आवश्यक रोलिंग सेटलमेंट होता है। विश्व में काफी कम देशों के शेयर बाजारों के पास टी प्लस टू सेटलमेंट की प्रक्रिया होने से आज विश्व में भारतीय शेयर बाजार की गणना अति आधुनिक शेयर बाजारों में की जाती है। टी प्लस टू सेटलमेंट प्रक्रिया के तहत निवेशकों को बेचे गए या खरीदे गए शेयरों की डिलीवरी या पेमेंट शीघ्रता से कराने का उद्देश्य रहता है। टी प्लस टू सेटलमेंट के अंतर्गत ट्रेडिंग के हर तीसरे दिन शेयरों का पे-इन और पे-आउट हो जाता है। देश में शेयरों में डीयेटेरियलाइजेशन (डीमेट) कारोबार के कारण सेटलमेंट प्रक्रिया तेज करने में शेयर बाजार सफल हुआ है।

नीलामी प्रक्रिया

त्वरित सेटलमेंट प्रक्रिया के साथ डीमेट सुविधा भी विकसित करने से शेयरों की नीलामी संख्या नियंत्रित रही है। पे-इन की निर्धारित तारीख तक यदि कोई निवेशक अपने दलाल से शेयरों की डिलीवरी पाने में विफल हो तो आवश्यक नीलामी प्रक्रिया शुरु की जाती है। इसलिए निवेशकों के लिए समय पर शेयरों की डिलीवरी देना अत्यंत महत्त्वपूर्ण होता है।

सर्किट ब्रेकर

शेयर बाजार में किसी स्क्रिप में असाधारण घट बढ़ हो तो उसके उछाल अथवा गिरावट को सीमित करने के लिए सर्किट ब्रेकर का उपयोग किया जाता है। सर्किट ब्रेकर की सीमा 2 प्रतिशत से 20 प्रतिशत तक रहती है। हालांकि डेरिवेटिव्स सेगमेंट में समाविष्ट स्क्रिप्स को इससे मुक्त रखा गया है। शेयर

बाजार समय-समय पर परिस्थितियों को ध्यान में रखकर सर्किट ब्रेकर में फेरबदल करता रहता है।

फ्यूचर्स और ओप्शन्स

वर्ष 2000 का जून महीना भारतीय पूंजी बाजार के लिए अविस्मरणीय महीना था। 9 जून 2000 को बी.एस.ई. ने डेरिवेटिव्स ट्रेडिंग की पहल की थी। डेरिवेटिव्स में यूं तो फ्यूचर्स और ओप्शन्स का समावेश है, परंतु शुरुआत फ्यूचर्स कांट्रेक्ट से की गई थी। बाजार के खिलाड़ियों को जोखिम का नियंत्रण या संचालन करने की सुविधा सुलभ हो अथवा हेजिंग करने की सुविधा मिले, इसी उद्देश्य से भारतीय बाजार में डेरिवेटिव्स ट्रेडिंग शुरु की गई है।

16 सितंबर 2004, भारतीय कैपिटल मार्केट में पुनः नया ऐतिहासिक दिवस था, जब देश में पहली बार साप्ताहिक ऑप्शन का प्रारंभ किया गया। स्थानीय और अंतर्राष्ट्रीय क्षेत्र के एफ एंड ओ मार्केट में यह एक नया प्रोडक्ट था। रिलायंस, सत्यम, स्टेट बैंक ऑफ इंडिया, टिस्को तथा सूचकांक में सर्वप्रथम ऑप्शन का साप्ताहिक कांट्रेक्ट प्रारंभ हुआ था।

डेरिवेटिव्स में विभिन्न तरह के कांट्रेक्ट का समावेश होता है। इसमें इंडेक्स फ्यूचर्स, इंडेक्स ऑप्शन, स्टॉक फ्यूचर, स्टॉक ऑप्शन, वीकली ऑप्शन की विविधता है।

इंडेक्स फ्यूचर कांट्रेक्ट 1-2-3 माह का रहता है और उसका ठीक साईज 0.05 इंडेक्स प्वाइंट है। कांट्रेक्ट की अवधि हर माह के अंतिम गुरुवार को होती है और यदि उस दिन छुट्टी हो तो यह अवधि उसके अगले दिन रहती है। जिस दिन कांट्रेक्ट की अवधि पूरी हो उस दिन के अंत में निर्धारित किए गए इंडेक्स के वैल्यू को ध्यान में रख ताजा निपटान का भाव तय किया जाता है।

इंडेक्स ऑप्शन कांट्रेक्ट मासिक और साप्ताहिक रहता है।

कांट्रेक्ट का पीरियड एक, दो और तीन महीने का तथा एक और दो सप्ताह का रहता है। यह कांट्रेक्ट यूरोपियन स्टाइल का है। इसमें कम से कम तीन स्ट्राइक देनी होती है। इसमें भी हर महीने के अंतिम गुरुवार को कांट्रेक्ट का अंतिम दिन तय किया गया है तथा वीकली ऑप्शन में हर गुरुवार को कांट्रेक्ट की परिपक्वता (मैच्युरिटी) होती है।

सिंगल स्टॉक फ्यूचर के कांट्रेक्ट का समय एक, दो और तीन माह का है। उसकी ठीक साईज 0.05 प्वाइंट अथवा पांच पैसे की है। प्राइज कोटेशन प्रति शेयर का रुपये में होता है। यह कांट्रेक्ट भी हर महीने के अंतिम गुरुवार को

पूरा होता है।

स्टॉक ऑप्शन कांट्रेक्ट मासिक और साप्ताहिक आधार पर चलता है, जिसके कांट्रेक्ट की समयावधि 1-2-3 महीने है और कम से कम तीन स्ट्राइक (निकट, मध्य और दीर्घकाल) देना रहता है। इस कांट्रेक्ट का आखरी दिन हर माह का अंतिम गुरुवार रहता है।

डेरिपेटिव्स वैसे तो एक प्रकार का वायदा बाजार है। इस बाजार में भी भविष्य में शेयर बढ़ेगा, इस धारणा पर अभी से ही शेयर बेचने का कांट्रेक्ट किया जाता है। यह कांट्रेक्ट कुछ निश्चित मान्य दलालों द्वारा ही बेचा जाता है। आप मानते हैं कि भविष्य में शेयरों का भाव बढ़ेगा, तो आपको एक ऐसा कांट्रेक्ट खरीदना पड़ता है जिसमें आप इस करार की अवधि पूर्ण होने पर कुछ निश्चित भाव पर निश्चित संख्या में शेयर लेंगे, ऐसा बताना होता है। यदि भाव बढ़े और आपकी धारणा सही साबित हो तो कांट्रेक्ट खरीदने के वास्ते चुकाई गई रकम और कांट्रेक्ट पूरा होने के समय पर प्रवर्तमान बाजार भाव के बीच का फर्क आपको मिल जाता है, जो आपका लाभ माना जाता है। उसी तरह यदि आप मानते हैं कि अमुक शेयरों का भाव घटेगा तो आपको ऐसा कांट्रेक्ट खरीदना रहता है जिसमें आप कांट्रेक्ट की परिपक्वता की तारीख को अमुक निश्चित भाव पर कुछ निश्चित संख्या में शेयर बेचेंगे, ऐसा बताना पड़ता है। यदि आपकी धारणा सही निकली और शेयर का भाव घटा तो कांट्रेक्ट के लिए चुकाई गई रकम तथा संबंधित शेयरों के वर्तमान बाजार भाव के बीच की फर्क रकम लाभ है। यदि आपकी धारणा गलत साबित हो और शेयर का भाव घटने के बदले बढ़ा हो तो आपको सिर्फ कांट्रेक्ट खरीदने के वास्ते चुकाई गई प्रीमियम की रकम भूल जानी पड़ेगी। इसी तरह यदि आपने शेयर खरीदने का कांट्रेक्ट खरीदा हो और शेयर का भाव बढ़ने के बदले घटा हो तो भी आप उस शेयर को लेने के बदले कांट्रेक्ट खरीदने के लिए चुकाई गई रकम को भूल जाना पसंद करेंगे। खरीदने वाले को ऐसा अधिकार देने वाला कांट्रेक्ट ऑप्शन कहा जाता है।

आप जो शेयर बढ़ेगा इस धारणा से कांट्रेक्ट खरीदते हैं व काल ऑप्शन और शेयर का भाव भविष्य में घटेगा ऐसी धारणा से कांट्रेक्ट खरीदते हैं तो वह पुट ऑप्शन कहा जाता है। इस तरह अपनी भाषा में कहें तो काल ऑप्शन खरीदने वाले को तेजड़िया और पुट ऑप्शन के कांट्रेक्ट विक्रेता को मंदड़िया कहा जाता है।

बाजार में यूं तो काल ऑप्शन की अपेक्षा पुट ऑप्शन का कांट्रेक्ट ज्यादा

है तो मंदी का वातावरण कहा जाएगा और पुट ऑप्शन की अपेक्षा काल ऑप्शन अधिक हो तो तेजी का वातावरण कहा जा सकता है।

इस काल और पुट ऑप्शन के बीच की मात्रा को काल पुट रेशियो कहा जाता है। फिलहाल डेरिवेटिव्स मार्केट में शेयरों की डिलीवरी लेना या देना नहीं रहता। सिर्फ भाव फर्क के हिसाब से उसका निपटान होता रहता है। इसीलिए इस रेशियो का कैश मार्केट पर ज्यादा असर नहीं दिखाई देता। फिर भी इससे आपको बाजार की मनोवृत्ति का आभास हो सकता है।

हकीकत में डेरिवेटिव्स शब्द का अर्थ ऐसा होता है कि जिसका अपना कोई मूल्य नहीं होता, किसी एक अन्य साधन में से ही उसका (जिसे अंग्रेजी में डीराइव कहा जाता है) मूल्य तय होता है। यह अन्य साधन शेयर, कमोडिटी या इंडेक्स कुछ भी हो सकते हैं, जिसे बाजार की भाषा में अंडरलाइंग स्टॉक या अंडरवाइंग सिक्युरिटीज कहा जाता है।

इससे भी सरल शब्दों में कहना हो तो कोई वस्तु या शेयर इत्यादि भविष्य में किसी एक तारीख को किसी एक निश्चित भाव पर लेने या बेचने के सिक्युरिटी कांट्रेक्ट (रेग्युलेशन) एक्ट के तहत अंडरलाइंग सिक्युरिटी का भाव अथवा इंडेक्स के भाव में से मूल्य उपजाने वाला कांट्रेक्ट, डेरिवेटिव्स कांट्रेक्ट कहा जाता है। डेरिवेटिव्स में दो प्रकार का कांट्रेक्ट होता है-एक है फ्यूचर कांट्रेक्ट और दूसरा है ऑप्शन कांट्रेक्ट।

फ्यूचर कांट्रेक्ट एक अंडरलाइंग सिक्युरिटीज के भविष्य की कोई एक निर्धारित तारीख की खरीदी या बिक्री करने संबंधी कांट्रेक्ट है। इस निर्धारित तारीख को तथा कथित सिक्युरिटीज का जो बाजार भाव बोला जाता है वह और कांट्रेक्ट में निर्धारित किए भाव के बीच का फर्क चुकाने अथवा उस सिक्युरिटी की डिलीवरी देकर करार को पूरा करना पड़ता है।

जबकि ऑप्शन कांटेक्ट में कांट्रेक्ट पूरा होने की तारीख कांटेक्ट धारक को कांट्रेक्ट की अवधि में अथवा वह पूर्ण होने की तारीख को अंडरलाइंग एसेट की डिलीवरी लेने या देने का विकल्प मिलता है और इसके लिए उनकी कोई जवाबदारी नहीं रहती। वस्तुत: वे ऑप्शन राइटर से अमुक निश्चित रकम चुका कर ऐसा विकल्प खरीदते हैं। इसको प्रीमियम कहा जाता है। यदि परिपक्वता अवधि में खरीदने वाले धारक के पक्ष में न रहे तो धारक रकम चुकाकर ऐसा विकल्प खरीदते हैं। इसमें सिर्फ उसे चुकाए गए प्रीमियम को भूल जाना पड़ता है।

यदि कांट्रेक्ट पूर्ण होने की तारीख सौदा धारक के पक्ष में रहे हैं तो वह उसके विकल्प का उपयोग कर सकता है और प्रस्तावित एजेंट की डिलीवरी मांग सकता है।

प्लान से लाएं फिक्स्ड निवेश में विविधता

म्यूचुअल फंड इक्विटी स्कीम के पर्याय बन गए हैं। डेट फंडों को तो एक नजर देखने की भी कोई जहमत नहीं उठाता। अगर डेट निवेश करना भी हो, तो लोग बैलेंस स्कीम को चुनते हैं। थोड़े समय के लिए निवेश करना हो तो लिक्विड या फिर फ्लोटिंग रेट फंड अपनाते हैं। पर अब वक्त बदल रहा है। ब्याज दरें बढ़ रही हैं, यह हर कोई जानता है। अनुमान सिर्फ तारीख या दर को लेकर लगाएं। दोनों पर कभी नहीं। शेयरों की कीमतों की तरह, ब्याज दरें भी बढ़ती घटती रहती हैं। लेकिन, यह कोई नहीं कह सकता कि कब क्या होगा। हम लोग तेजी से बदलते माहौल में रह रहे हैं। विभिन्न देशों के बीच तनाव, कमोडिटी खासकर तेल की कीमतें, इनका महंगाई दर पर असर, विदेश व्यापार, सरकारी नीतियां, आतंकवाद का खतरा-आदि कारक मिलकर ब्याज दरों को प्रभावित करते हैं। इसीलिए इसके बारे में सही-सही अनुमान लगाना लगभग नामुमकिन है।

बाजार खिलाड़ियों में अनिश्चितता का अंदाजा इस बात से लगाया जा सकता है कि लांग टर्म फिक्स्ड इनकम इंस्ट्रूमेंट पर मिल रहा रिटर्न कुछ खास अलग नहीं है। 110 साल के सरकारी बांड पर मिलने वाली रिटर्न की दर 8.20 फीसदी है। आमतौर पर, लंबी अवधि के फंड निवेश पर प्रीमियम मिलना चाहिए। यह सच हो सकता है लेकिन इससे कोई फर्क नहीं पड़ता। निवेशक बहुत कम या बिना किसी जोखिम के इन दरों पर रिटर्न हासिल कर सकते हैं। हालांकि, फंड का चुनाव महत्त्वपूर्ण है। ये बातें सभी इनकम स्कीमों पर लागू नहीं होतीं। अधिकांश इनकम स्कीमों पर महज 4 से 5 फीसदी सालाना रिटर्न मिलता है। ऐसा इसलिए होता है क्योंकि मौजूदा इनकम स्कीम निम्न दर वाले विकल्पों में निवेशरत हैं।

जब ब्याज दरों में बढ़ोतरी शुरु हुई, कम रिटर्न वाले निवेश विकल्पों को डिस्काउंट पर बेचना पड़ा। इससे स्कीमों की एन.ए.पी. और निवेश पर रिटर्न घट गया। ब्याज दरों और फिक्स्ड इनकम निवेश विकल्पों की कीमतों में उल्टा

संबंध है। दूसरे शब्दों में, ब्याज दरों में बढ़ोतरी होने पर फिक्स्ड इंस्ट्रूमेंट की कीमतें घटने लगती हैं। इसे ब्याज दर जोखिम कहा जाता है और मौजूदा रिटर्न दर के मुताबिक पोर्टफोलियो में फेरबदल को 'मार्क टॅ मार्केट' कहा जाता है।

बचाव का रास्ता

इससे बचने के दो रास्ते हैं। पहला, परिपक्वता तक निवेशरत रहें। ब्याज दर जोखिम का असर परिपक्वता से पहले खरीद-फरोख्त होने पर ही होता है। इसलिए पी.पी.एफ., टीलिफ बांड जैसे निवेश विकल्प पर कोई ब्याज दर जोखिम नहीं होता क्योंकि ये निवेश आमतौर पर परिपक्वता तक बने रहते हैं। फिक्स्ड मैचुरिटी प्लान, (एफ.एम.पी.) में भी फंड का निवेश उन प्रतिभूतियों में किया जाता है, जिनकी परिपक्वता अवधि उसकी परिपक्वता अवधि के बराबर होती है, जिससे ब्याज दर जोखिम खत्म हो जाता है। हालांकि एफ.एम. पी. में निवेश की गई रकम स्कीम की परिपक्वता अवधि तक लॉक रहती है।

दूसरा रास्ता वैसे अल्पकालिक निवेश विकल्पों में निवेश है, जहां ब्याज दर में काफी कम उतार-चढ़ाव आता है। इसलिए इसमें ब्याज दर जोखिम बहुत कम होता है या बिलकुल नहीं। यहीं म्यूचुअल फंड की काफी कम औसत परिपक्वता के पोर्टफोलियो की अल्पावधि वाली इनकम स्कीमें सीन में आती हैं। अगर आप फिक्स्ड इनकम इंस्ट्रूमेंट के जरिए पोर्टफोलियो में विविधीकरण चाहते हैं, तो अल्पावधि इनकम प्लान बेहतर विकल्प होगा।

जानकारी न हो तो म्यूचुअल फंड में निवेश करें

निवेशक अक्सर दुविधा में रहते हैं कि वे सीधे शेयरों में निवेश करें या फिर म्यूचुअल फंड का रास्ता अपनाएं। इस दुविधा से निकलने का बिलकुल आसान रास्ता है, लेकिन नए निवेशकों के लिए इन दोनों के बारे में जानना जरूरी है।

अगर निवेश के दोनों विकल्पों की मदवार तुलना करेंगे तो पाएंगे कि कम से कम लागत के मामले में तो दोनों कमोवेश समान हैं:

1. म्यूचुअल फंड की खरीद–फरोख्त पर कोई ब्रोकरेज नहीं देना होता है। इसे एंट्री/एग्जिट लोड और ए.एम.सी. से समायोजित किया जाता है।

2. म्यूचुअल फंड की खरीद पर कोई एस.टी.टी. लागू नहीं होता। लेकिन बिक्री पर यह डबल हो जाती है।

3. म्यूचुअल फंड 14.025 फीसदी के लाभांश वितरण कर से मुक्त होते हैं। लेकिन इसके लोभ में न पड़ जाएं। पोर्टफोलियो में शामिल शेयरों पर मिला लाभांश म्यूचुअल फंड के हाथों में वितरण कर योग्य होता है। म्यूचुअल फंड से मिले लाभांश पर वितरण कर दोहरा कराधान होगा। इस तरह, दोनों विकल्पों से मिलने वाले फायदों का हिसाब–किताब बराबर हो जाता है।

अब निवेशक क्या करें : इसका जवाब बहुत साधारण है। यह न लागत, न कर व्यवस्था बल्कि आप निवेशकों से जुड़ा है। बाजार में पांच हजार से ज्यादा शेयर हैं, जिनमें से लगभग आधे में ही सक्रिय कारोबार होता है। इन 2500 शेयरों में किसी एक के बारे में आपको विस्तृत जानकारी है तो आप उसमें सीधे निवेश कर सकते हैं।

उदाहरण – आपके दोस्त फार्मा कंपनी में काम करते हैं। उनके पास उद्योग में कई वर्षों का अनुभव है और उन्हें हर कंपनी की ऊंच–नींच की अच्छी समझ है। उनके पोर्टफोलियो का प्रदर्शन दूसरे फार्मा फंड से बेहतर है। हालांकि, दूसरे उद्योगों में निवेश के लिए वह म्यूचुअल फंड का रास्ता चुनते हैं।

इसी तरह ऑटो, सीमेंट, इंजीनियरिंग यहां तक कि आई.टी. निवेश में भी

आप अपनी आंतरिक जानकारी का इस्तेमाल कर सकते हैं। आंतरिक जानकारी का मतलब इनसाइड इनफॉरमेशन से नहीं बल्कि उद्योग के बारे में आपकी विशेष जानकारी से है।

अगर आत्मविश्वास कम हो तो फंड मैनेजर की सहायता लें क्योंकि ये अपने क्षेत्र के विशेषज्ञ होते हैं। फंड मैनेजर का काम दूसरे कारोबार को समझना है और आपको उनकी विशेषज्ञता का फायदा उठाना चाहिए।

जब बात शेयर बाजार की हो तो अपने अलावा किसी और पर भरोसा न करें। कभी भी टिप्स या अनुमान पर निवेश न करें। अपना इलाज खुद करें।

शेयरों में निवेश और पूंजी भी सलामत

हर कोई यह जानता है कि शेयरों में निवेश जोखिम भरा होता है। हालांकि अलग-अलग निवेशकों में जोखिम उठाने की क्षमता भी भिन्न-भिन्न होती है। कुछ लोग ऐसे होते हैं जो शेयरों में अपना सब कुछ दांव पर लगा देते हैं। जबकि कुछ लोग ऐसे होते हैं जो अपनी पूंजी का एक रुपया भी खोने से परहेज करते हैं। अगर पूंजी न लुटने की गारंटी हो तो फिर शेयरों में निवेश करना कैसा होगा। ज्यादातर लोग यही सोचेंगे कि ऐसा संभव नहीं है। लेकिन ऐसी स्कीम भी है जिसमें जरा भी जोखिम नहीं है और न ही धन गंवाने की चिंता। आइए, देखते हैं क्या है यह स्कीम।

आपको करना सिर्फ इतना भर है कि पोस्ट ऑफिस मंथली इनकम स्कीम में छह लाख रुपए निवेश करें। इस स्कीम के तहत छह फीसदी की दर से ब्याज मिलता है। इसका मतलब यह हुआ कि आपको सालाना 48 हजार रुपए बतौर ब्याज मिलेगा। चूंकि यह मंथली इनकम स्कीम है इसलिए मासिक ब्याज 4000 रुपए बैठता है। अब यह आय पूरी तरह से कर योग्य हो गई है। मान लें कि आप 30 फीसदी कर स्लैब दायरे में आते हैं। इसलिए कर कटौती के बाद आपके हाथ में 2800 रुपए आते हैं। पोस्ट ऑफिस मंथली इनकम स्कीम (पी.ओ.एम.आई.एस.) छह साल की होती है, इसलिए आपको हर माह 2800 रुपए निवेश करने हैं। छह साल के अंत में आपको म्यूचुअल फंड निवेश का बाजार मूल्य और स्कीम में निवेश किए गए छह लाख रुपए मिलते हैं।

आइए देखते हैं कि यह रणनीति कैसे काम करती है। मान लें कि आपने सितंबर 2000 में पी.ओ.एम.आई.एस. खाता खोला था। इससे प्राप्त हुई मासिक ब्याज की राशि को आपने फ्रैंकलिन टेंपलटन प्राइमा फंड में एस.आई.पी. में निवेश किया है। म्यूचुअल फंड में निवेश से छह वर्ष की समाप्ति पर आपको 9.45 लाख रुपए मिलते हैं।इसके साथ ही पी.ओ.एम.आई.एस. में निवेशित छह लाख रुपए भी मिलते हैं। इस तरह आपके हाथ में 15 लाख रुपए आते हैं और वह भी पूरी तरह से कर मुक्त और बिना जोखिम के।

म्यूचुअल फंड में हमेशा ही लंबी अवधि के लिए निवेश बेहतर होता है। ऊपर के उदाहरण में हमने देखा कि कैसे एस.आई.पी. में प्रति माह 2800 रुपए का निवेश छह साल में बढ़कर 9.45 लाख रुपए में बदल जाता है। लेकिन इसके लिए महत्त्वपूर्ण है कि निवेशक छह साल तक अपने निवेश को बनाए रखे।

कितने लोग ऐसे हैं जिन्होंने छह साल पहले म्यूचुअल फंड में निवेश किया था। सबसे महत्त्वपूर्ण बात यह है कि कितने लोग अब भी म्यूचुअल फंड में निवेश जारी रखे हुए हैं। इस सवाल का जवाब संभवत: नकारात्मक होगा। इसकी वजह है कि लोग म्यूचुअल फंडों में आसपास की घटनाओं के आधार पर निवेश और विनिवेश करते हैं। दूसरे शब्दों में दुनिया भर की घटनाओं से हमारा निवेश प्रभावित होता है। अमेरिकी फेडरल रिजर्व ब्याज दरें बढ़ाएगा या ब्याज दरों में बढ़ोतरी करेगा। तेल की कीमतें बढ़ेंगी या कम होंगी। कमोडिटी की कीमत बढ़ेगी या घटेगी। एफ.आई.आई. का रुख क्या होगा। यह सब बातें पहले भी मायने रखती थीं, अब भी रखती हैं और कल भी रखेंगी। यह दुनिया की रीत है। आपकी व्यक्तिगत नेटवर्क इस बात पर निर्भर करती है कि आप इन बातों पर कैसे प्रतिक्रिया व्यक्त करते हैं।

उतार-चढ़ाव से न घबराएं, दीर्घावधि निवेश करें

बहुत पुरानी बात है, मुगल बादशाह अकबर के जमाने की। एक बार उन्होंने अपने महामंत्री को बुलाया और उससे कुछ ऐसी चीज लाने को कहा जो उनका मूड तुरंत बदल दे। अगर उनका मूड खराब हो तो तुरंत अच्छा कर दे, अगर अच्छा हो तो खराब कर दे। महामंत्री को यह काम एक हफ्ते में करना था, न होने पर शामत आने वाली थी। मंत्री की काटो तो खून नहीं सी हालत हो गई। उसे यह काम पूरा करने का कोई रास्ता नहीं सूझ रहा था और वह भी एक हफ्ते में तो यह नामुमकिन था। वह भागा-भागा बीरबल के पास पहुंचा। महामंत्री की बात सुनकर बीरबल मुस्कराया और उसने धीरज धरने को कहा। उनके पास इसके लिए एक हफ्ते का वक्त था।

दिन बीतते गए और हफ्ता खत्म होने को आया। जब भी महामंत्री बीरबल के पास आता, बीरबल उसे और धीरज धरने को कहता। आखिरकार सात दिन पूरे हुए और महामंत्री का दिन आ गया (अकबर के सामने पेश होने का)। इतने दिन महामंत्री की पूरी रात आंखों में ही गुजर रही थी और उसने इसे अपनी बदकिस्मती मान लिया था। न तो वह कुछ हल निकाल पाया था और न ही बीरबल। बादशाह अकबर के गुस्से से सभी वाकिफ थे और उससे बचने का महामंत्री के पास कोई रास्ता नहीं था। जिस दिन महामंत्री को पेश होना था बादशाह के दरबार में अजीब सन्नाटा था। दूसरे मंत्री महामंत्री से सहानुभूति जता रहे थे लेकिन वे इस मामले में कुछ नहीं कर सकते थे। बादशाह ने महामंत्री को बुलाया। महामंत्री डरता हुआ बादशाह की ओर बढ़ा। जैसे ही महामंत्री बीरबल के पास से गुजरा, उसने महामंत्री के हाथ में एक पुरजा थमाया और उसके कान में फुसफुसाया-'इसे बादशाह को दिखा देना।' महामंत्री को कुछ अंदाजा नहीं हुआ कि उस पुरजे में क्या लिखा हुआ है और न ही उसके पास पढ़ने का वक्त था। उसने पुरजा सीधे बादशाह के हाथ में दे दिया और अपनी सजा का इंतजार करने लगा। पुरजा पढ़ते ही बादशाह का चेहरा खुशी से दमकने लगा और उनके चेहरे पर गहरी मुस्कान आ गई। उन्होंने

महामंत्री को बधाई दी और भरपूर इनाम दिया।

जो पुरजा बीरबल ने महामंत्री को दिया था, उसमें क्या लिखा था! यह जानने की इच्छा आपको भी होगी। उसने लिखा था; यह वक्त भी गुजर जाएगा। दूसरे शब्दों में, अभी आप किन स्थितियों से गुजर रहे हैं-आपका दामन खुशियों से भरा है या उनमें कांटें हैं-यह क्षणिक हैं, अस्थाई है। जिस तरह दिन के बाद रात आती है, रात के बाद दिन, उसी तरह वक्त बीत जाएगा। मानव जीवन का यही सार है। लेकिन, जब निवेश की बात आती है तब लोग इसे भूल क्यों जाते हैं? आमतौर पर निवेशक बाजार के हालात को देखते हुए फैसला नहीं कर पाते। वास्तव में बाजार से पैसा कमाना बहुत आसान है-कम में खरीदो, ऊंचे में बेचो। हालांकि, कहने में यह जितना आसान लगता है, करने में उतना ही मुश्किल है। इसी वजह से यह आदमी की जन्मजात प्रवृत्ति के खिलाफ जाता है। जब परिस्थितियां अनुकूल होती हैं और सूचकांक दिन दूनी रात चौगुनी तरक्की कर रहे होते हैं, लोगों के मन में बहती गंगा में हाथ धोने की पुलक जगती है और वे शेयर खरीद लेते हैं।

इस तरह, निवेश के पहले सिद्धांत का उल्लंघन होता है और अंत में वही होता है जिसकी आशंका होती है, बाजार में तेजी की गति थमने लगती है। निवेशकों को घबराहट होने लगती है और वे हडबड़ी में बेचना शुरु कर देते हैं। इस तरह, दूसरे सिद्धांत का उल्लंघन होता है। फिर होता यह है कि उत्तेजना में आकर निवेश करने वालों को ऊंचे में खरीदकर कम में बेचना पड़ जाता है। यह चक्र तब तक चलता रहता है जब तक कि सचेत होकर इस स्थिति से बचने का प्रयास नहीं किया जाता और यह तभी हो सकता है जब निवेशक में कम में खरीदकर ऊंचे में बेचने का साहस, चालाकी, भरोसा हो।

निवेश, चाहे डेट में हो या इक्विटी में, दीर्घावधि नजरिए से करें। तभी इससे चक्रवृद्धि का फायदा मिलता है। बार-बार लिवाली और बिकवाली करने से निवेश यात्रा में खलल पड़ता है।

डिविडेंट से लाभांश तय करने की आजादी

निवेशकों को म्यूचुअल फंड की यूनिटें खरीदने से पहले विचार कर लेना चाहिए कि उनके लिए कौन सा विकल्प बेहतर होगा। म्यूचुअल फंड के चुनाव को निवेशक काफी महत्त्व देते हैं और इसमें खासा वक्त लगाते हैं। लेकिन, फंड का चुनाव कर चुकने के बाद विकल्प के चुनाव को लेकर माथापच्ची नहीं करते।

कुछ निवेशकों को नियमित लाभांश पाना अच्छा लगता है, तो कुछ को नियमित निवेश करना। इसलिए कुछ डिविडेंट रिइंवेस्टमेंट या ग्रोथ विकल्प अपनाते हैं, तो कुछ यह काम एजेंट या डिस्ट्रीब्यूटर को दे देते हैं। लेकिन, बेहतर निवेश के लिए सही विकल्प का चुनाव उतना ही महत्त्वपूर्ण है, जितना कि म्यूचुअल फंड का चुनाव। सही विकल्प के चुनाव के लिए निवेशकों को विभिन्न कसौटी पर कसा जा सकता है।

बैकग्राउंड : निवेश विकल्प के चुनाव में निवेशकों को दो महत्त्वपूर्ण कारकों पर विचार करना चाहिए : (1) राजस्व नीति (2) निवेश आवश्यकता और लक्ष्य।

डिविडेंट विकल्प के फायदे और नुकसान : यह करमुक्त होता है, जो इसका सबसे बड़ा फायदा है। हालांकि, सभी म्यूचुअल फंड डिविडेंड कर मुक्त होते हैं लेकिन गैर-शेयर आधारित म्यूचुअल फंड स्कीमों पर 14.025 फीसदी का वितरण कर लागू होता है।इसका मतलब यह कि लाभांश तो करमुक्त होंगे, लेकिन निवेशकों को 14.025 फीसदी घटकर मिलेंगे। इसकी अदायगी म्यूचुअल फंड करता है लेकिन जाता निवेशक की जेब से ही है। शेयर आधारित म्यूचुअल फंड स्कीमों को मिलने वाले लाभांश पर वितरण कर लागू नहीं होता है। इस तरह यह सही मायने में करमुक्त होता है। तो क्या सभी निवेशकों को यह विकल्प अपनाना चाहिए?

जवाब देने में जल्दबाजी न करें। मामले को गंभीरता से समझने के लिए एक उदाहरण लेते हैं। फ्रैंकलिन टेंपलटन इंडिया प्राइमा नवंबर 1993 में लांच

हुआ था। 19 जून 2006 को इसके ग्रोथ विकल्प की एन.ए.वी. 153.86 रुपए थी जबकि डिविडेंड विकल्प की 48.99 रुपए लगभग 68 फीसदी कम। ऐसा क्यों? निवेशक को मिले लाभांश से यह अंतर बना है। म्यूचुअल फंड से मिला डिविडेंड, स्टाफ डिविडेंड के उलट, आपका अपना पैसा होता है। इसलिए, अगर निवेशक ने ग्रोथ विकल्प अपनाया होता तो एन.ए.वी. 153.86 रुपए होती। लेकिन डिविडेंड विकल्प अपनाने की वजह से नियमित तौर पर यह लाभांश मिलता रहा और यूनिटों का बाजार मूल्य 48.99 रुपए रहा। कृपया ध्यान दें कि स्कीम का प्रदर्शन ग्रोथ विकल्प के एन.ए.वी. से आंका जाता है। लेकिन, तकनीकी तौर पर इससे कोई फर्क नहीं पड़ता कि कौन सी एन.ए.वी. ली गई है। क्योंकि, निवेशक को मिलने वाले लाभांश का रकम, इंटरनल रेट ऑफ रिटर्न (आई.आर.आर.) पर स्कीम में दोबारा निवेश मान ली जाती है। हिसाब-किताब में न पड़ सीधे बात करें तो प्राइमा का एन.ए.वी. आधारित प्रदर्शन 153.86 रुपए है, न कि 48.99 रुपए। यहां तक तो सब ठीक है। जब तक आप डिविडेंड चाहते हैं तब तक कोई समस्या नहीं है।

लेकिन, सवाल उठता है कि लाभांश का क्या होगा? इसका निवेश उसी स्कीम में किया जाएगा या किसी दूसरी स्कीम में। अगर उसी स्कीम में, तो रुपया उसी संपत्ति वर्ग-इक्विटी-में निवेश हो रहा है। इसमें निवेशक को नए निवेश पर एंट्री लोड देना होगा, जिससे फंड को अतिरिक्त आय होगी। एजेंट या डिस्ट्रीब्यूटर को एक्स्ट्रा कमीशन मिलेगा। हो सकता है कि निवेशक भूल जाए कि स्कीम से प्राप्त लाभांश बैंक में पड़ा हुआ है। अगर निवेशक को पता भी है तो बाजार में काफी उथल-पुथल मची है, जो निवेश के फैसले को टाल रही है। पैसा बैंक में ही पड़ा है। बैंक बचत खाते में पड़ी रकम पर रिटर्न काफी कम मिलेगा। वजह बिल्कुल साफ है। प्राइमा में निवेश की गई रकम आई.आर.आर. पर बढ़ रही है। स्थापना में अब तक 26 फीसदी आई.आर.आर. रही। इधर, बैंक बचत खाते में पड़ी रकम सिर्फ 3.5 फीसदी की दर से बढ़ रही है। आने वाले समय में इन दो दरों के बीच का भारी अंतर शुद्ध रिटर्न को घटाता है। रकम जितने समय बैंक में रहेगी, रिटर्न उतना ही कम होगा।

डिविडेंड विकल्प को चुनने की दूसरी वजहें : निवेशक डिविडेंड विकल्प को चुनने के लिए कई तरह के तर्क देते हैं। पहली, रोजमर्रा की जिंदगी में रुपए की जरूरत पड़ती ही रहती है। दूसरी, तेजी से लाभांश मिलना मुनाफा वसूली जैसा होता है। निवेश संतुलन के लिए लाभांश की रकम को फिक्स्ड इनकम इंस्ट्रूमेंट या फिक्स्ड मैचुरिटी प्लान में निवेश किया जा सकता है। इन

तर्कों को चुनौती नहीं दी जा सकती, लेकिन एक छोटी सी समस्या है। फिक्स्ड इनकम इंस्ट्रूमेंट (पी.पी.एफ., आर.बी.आई. बांड आदि) के उलट, जिनमें रकम और अवधि के संदर्भ में ब्याज तय होता है, म्यूचुअल फंड अपने विवेक से लाभांश तय करता है। फंड मैनेजर को छोड़कर किसी को पता नहीं कि किसको कब और कितना लाभांश मिलेगा। हो सकता है वह निवेशक की जरूरत से कम लाभांश दे या बहुत ज्यादा।

अब निवेशक क्या करे? इस उलझन को आसानी से सुलझाया जा सकता है। निवेशक को लाभांश मांगना चाहिए। म्यूचुअल फंड निवेशक को जो पैसे देता है, वह लाभांश होता है। जब निवेशक खुद पैसे निकालता है-तब उसे पूंजीगत लाभ कहा जाता है। हम सब जानते हैं कि म्यूचुअल फंड में निवेश के एक साल बाद निकासी करने पर पूंजीगत लाभ करमुक्त होता है। इसीलिए सालाना लाभांश के लिए म्यूचुअल फंड के फैसले पर टिके न रहें, जितनी जरूरत हो निकाल लें। इस तरह निवेशक म्यूचुअल फंड नहीं, अपनी इच्छा से लाभांश कमा सकते हैं। निवेश का मूल्य पहले जितना ही रहेगा, चाहे म्यूचुचअल फंड ने लाभांश अदा किया हो या निवेशक ने रिडेक्शन से वह रकम हासिल की हो।

निवेश में अनुशासन लाता है डिविडेंड रिइंवेस्टमेंट

म्यूचुअल फंड निवेशकों को तीन निवेश विकल्प मुहैया कराते हैं-डिविडेंड-डिविडेंड रिइंवेस्टमेंट और ग्रोथ।

सिर्फ कर नीति के आधार पर ही डिविडेंड रिइंवेस्टमेंट विकल्प का चुनाव किया जाना चाहिए। इसका कोई और आधार नहीं हो सकता। डिविडेंड रिइंवेस्टमेंट विकल्प की अलग से एन.ए.पी. घोषित नहीं की जाती। यूं तो डिविडेंड और डिविडेंड रिइंवेस्टमेंट विकल्प में कोई अंतर नहीं है। दूसरे शब्दों में डिविडेंड विकल्प की एन.ए.पी. डिविडेंड रिइंवेस्टमेंट विकल्प पर लागू होती है।

डिविडेंड रिइंवेस्टमेंट कैसे काम करता है? रिइंवेस्टमेंट विकल्प के तहत डिविडेंड निवेशक के बैंक खाते में जमा होने की बजाय उसी फंड की यूनिटें खरीदने में लगा दिया जाता है। लाभांश विकल्प में निवेशक को यह खुद करना पड़ता। इस तरह रिइंवेस्टमेंट विकल्प में फायदा वक्त की बचत का है। इसके अलावा इस पर एंट्री लोड भी नहीं लगता। लाभांश पाने और उन्हें निवेश करने में एक समस्या है, अक्सर ये बिना निवेश के बैंक में पड़े रह जाते हैं। जैसे-जैसे दिन गुजरते हैं इस पर रिटर्न घटता जाता है। एक मनोवैज्ञानिक समस्या भी है। बाजार में उतार-चढ़ाव आने पर निवेशक निवेश का फैसला टाल देते हैं, जिससे रिटर्न प्रभावित होता है। डिविडेंड रिइंवेस्टमेंट में एक तरह का अनुशासन होता है। म्यूचुअल फंड निवेशकों के लिए यह काम करते हैं, इसलिए समीकरण से विवेक का पहलू हटा दें। तो क्या यह सबसे बढ़िया विकल्प नहीं है? जवाब देने में जल्दबाजी न करें।

इक्विटी आधारित म्यूचुअल फंड पर लाभांश वितरण कर और दीर्घावधि पूंजीगत लाभ कर न होने से ग्रोथ और डिविडेंड रिइंवेस्टमेंट विकल्प में कोई अंतर नहीं है। दोनों ही निवेशकों की संपत्ति का एक समान बाजार मूल्य अर्जित करते हैं। हालांकि, अगर सरकार दोबारा लाभांश वितरण कर लगाती है तब हर

बार लाभांश घोषित होने पर 14.025 फीसदी कम निवेश होगा। (अभी सिर्फ गैर-इक्विटी फंड निवेश में लाभांश वितरण पर 14.025 फीसदी का वितरण कर लगता है।) निवेश की अवधि बड़ी होने पर 14.025 फीसदी का अंतर रिटर्न पर भारी पड़ेगा। दूसरी तरफ, दीर्घावधि पूंजीगत लाभ कर को दोबारा लागू किए जाने पर डिविडेंड रिइंवेस्टमेंट ग्रोथ विकल्प पर भारी पड़ेगा। लाभांश के पुनर्निवेश पर निवेशक को यूनिटें मिलती हैं और जब रिडक्शन होता है तब लाभांश यूनिटों की लागत के बराबर होता है। इसे उदाहरण से समझने की कोशिश करते हैं। निवेश ग्रोथ विकल्प में किया गया है।

पहला निवेश 1 जनवरी 2006 को हुआ। 10 रुपए की दर से 10,000 यूनिटें एक लाख में खरीदी गईं।

स्कीम का प्रदर्शन काफी अच्छा रहा और एक साल बाद 1 जनवरी 2007 को स्कीम की एन.ए.वी. 13 रुपए हो गई।

तारीख	विवरण	यूनिट	एन.ए.वी.	कुल
1 जनवरी, 2006	पहला निवेश	10,000	10	1,00,000
1 जनवरी, 2007	वृद्धि	10,000	13	1,30,000

यूनिट बेचे जाने पर निवेशक को 30,000 रुपए का पूंजीगत लाभ होगा और 10 फीसदी की दर से 3000 रुपए कर होगा।

देखते हैं कि इन्हीं आंकड़ों के आधार पर डिविडेंड रिइंवेस्टमेंट विकल्प से कितना रिटर्न मिलता है:

1 जनवरी 2007 को डिविडेंड रिइंवेस्टमेंट और ग्रोथ विकल्प में कोई अंतर नहीं है। म्यूचुअल फंड 20 फीसदी की दर से दो रुपए प्रति यूनिट लाभांश घोषित करता है। लाभांश पूर्व एन.ए.वी. 11 = (13-2) रुपए है। निवेशक को 20,000 रुपए (दो रुपए प्रति यूनिट की दर से 10,000 यूनिट पर) लाभांश मिलेगा। ये 20,000 रुपए लाभांश पूर्व एन.ए.वी. पर दोबारा स्कीम में लगा दिए जाते हैं। इस तरह यूनिटों की संख्या 1818.182 (1818.182 × 11 = 20,000) हो जाती है।

तारीख	विवरण	यूनिट	एन.ए.वी.	कुल
1 जनवरी, 2007	पहला निवेश	10,000	11	1,10,000
1 जनवरी	रिइंवेस्टमेंट पर यूनिटों की संख्या	(1818.182)	11	20,000
				कुल - 1,30,000

आइए देखते हैं कि इससे कितना पूंजीगत लाभ होता है। 11 रुपए की दर

से 11818.182 यूनिटों का मूल्य ग्रोथ विकल्प के बराबर 1,30,000 रुपए होगा। हालांकि, लागत में अंतर है। मूल यूनिटों की लागत एक लाख रुपए है। हालांकि, डिविडेंड रिइंवेस्टमेंट पर अतिरिक्त यूनिटों की लागत 20,000 रुपए है।

पूंजीगत लाभ यूनिटों की संख्या	एन.ए.वी.	कुल रकम	
विक्रय मूल्य (10,000+1818.182)× 11	11818.182	11	1,30,000
घटाएं लागत			
आरंभ में यूनिटें10,000	10,1,00,000		
रिइंवेस्टमेंट से मिली यूनिटें	1818.182	11	20,000
कुल 1,20,000			
दीर्घावधि पूंजीगत लाभ	10,000		
10 फीसदी की दर से कर	1,000		

1,000 रुपए का पूंजीगत लाभ कर ग्रोथ विकल्प के 3,000 रुपए के मुकाबले काफी कम है। कुल मिलाकर, डिविडेंड रिइंवेस्टमेंट और ग्रोथ में अंतर सिर्फ मौजूदा कर नीति से है। वितरण कर लागू होने पर ग्रोथ विकल्प बेहतर होगा और लाभांश पर लागू होने पर डिविडेंड रिइंवेस्टमेंट।

लाभ चाहिए तो शुरु में खरीदे शेयर पहले बेचें

13000 अंक की ओर सेंसेक्स के बढ़ते कदम सूरज को काफी राहत दे रहे थे। क्योंकि इस बार वे पांच महीने पहले हुई गलती दोहराने के मूड में कतई नहीं थे। 10 मई को शेयर बाजार 12612 अंक के रिकॉर्ड स्तर पर था। सूरज ने दिमाग की बजाए दिल पर भरोसा किया, निवेश में बने रहे और आंशिक मुनाफा वसूली की बिकवाली नहीं की। ज्यादातर दोस्तों की तरह उन्हें भी सेंसेक्स के और आगे जाने का भरोसा था, लेकिन इस रिकॉर्ड स्तर के बाद जो हुआ, वह इतिहास है। बी.एस.ई. पलक झपकते ही 30 फीसदी गिर गया, जिसका दर्द सूरज को अभी साल रहा है। सूरज ने 'कम में खरीदकर ज्यादा में बेचो' का सिद्धांत अपनाया था, लेकिन पिछली बार मई में इस पर अमल नहीं कर पाए थे। इस सिद्धांत ने उन्हें नुकसान दे रहे शेयरों की बिक्री से हुए घाटे की फायदे से भरपाई कर निवेश पोर्टफोलियो को दुरुस्त करने का भी मौका दिया।

पहले निवेशक शेयर बेचते वक्त यह देखते थे कि कौन से शेयर दीर्घावधि संपत्ति हैं और कौन अल्पावधि। शेयरों के खरीद मूल्य की कर योजना में भी भूमिका होती थी। उदाहरण के लिए, बोनस शेयरों को भारी नुकसान देने वाले शेयरों के साथ बेचा जा सकता है। इसकी लागत कुछ भी नहीं होती, इसलिए इससे लाभ बढ़ता है और करदेयता में कमी आती है। हालांकि सूरज के सी. ए. ने बताया कि मौजूदा डीमैट व्यवस्था में कर बचत की यह कवायद पहले जितनी आसान नहीं है।

आयकर अधिनियम की धारा 45 (2 ए) के तहत पहले खरीदे गए शेयरों को पहले बेचना पड़ता है। दूसरे शब्दों में, कर योग्य पूंजीगत लाभ की गणना में खरीद मूल्य और धारण अवधि फीको के आधार पर तय होती है। इसका मतलब यह है कि निवेशकों को अब यह तय करने का विवेकाधिकार नहीं कि शेयरों के किस लॉट को पहले बेचें। जो शेयर पहले डीमैट फॉर्म में बदले जाएंगे, वे पहले बिके माने जाएंगे। ऐसा भी हो सकता है किसी ने पहले शेयर

डीमैट फॉर्म में खरीदें, फिर पुराने कागजी शेयरों को डीमैट फार्म में बदलने के लिए जमा किए हों। सूरज ने वर्ष 1992 में एल एंड टी के कुछ शेयर खरीदे थे, जिन्हें वे डीमैट फॉर्म में तब्दील नहीं करा पाए। उन्होंने इलैक्ट्रॉनिक माध्यम से एल एंड टी के और शेयर खरीदे। ऐसे में 'फीफो' नियम किस तरह प्रभावी होगा? मान लिया सूरज ने 175 शेयर बेचे। फीफो नियम के तहत। पहली एंट्री 12 मई, 2004 को खरीदे गए शेयर पहले बिके माने जाएंगे। बाकी 75 शेयर उस लॉट के बिके माने जाएंगे जो उस तारीख के बाद डीमैट फार्म में तब्दील किए गए होंगे (1992 में खरीदे गए शेयर के लॉट)। अब इन बिंदुओं पर गौर करें। शेयरों के डीमैट में तब्दील किए जाने की तारीख का करदेयता से कोई लेना-देना नहीं है। हालांकि, पहले लॉट में शेयर 2 मई को डीमैट फार्म में बदले गए, लेकिन इनके खरीद की तारीख 30 अप्रैल 2004 ही रहेगी।

यह कांसेप्ट अगली एंट्री के लिए महत्त्वपूर्ण साबित होगी। डीमैट स्टेटमेंट की अगली एंट्री में इसी साल 5 जून को शेयरों की डीमैट फार्म में तब्दीली दर्ज है। क्या इससे यह अल्पावधि संपत्ति हो जाएगी?-नहीं। शेयरों की खरीद की तारीख मार्च, 1992 ही रहेगी, भले ही इन्हें डीमैट फार्म में तब्दील किए जाने के लिए कभी भी जमा किया गया हो। यहां गौर करने वाली दूसरी बात यह है कि पहली दो एंट्री के मुताबिक शेयरों की खरीद क्रमशः 2004 और 1992 में हुई थी, इसलिए ये दोनों लॉट दीर्घावधि संपत्ति हुए। दीर्घावधि संपत्तियां करमुक्त हैं, इसलिए इनसे किसी घाटे की क्षतिपूर्ति नहीं की जा सकती। बेहतर तो यही होता कि सूरज 23 जुलाई, 2006 को शेयर बेचते (यह डीमैट फार्म में तीसरी एंट्री थी)। इससे उन्हें अल्पावधि पूंजीगत लाभ होता, जिसका इस्तेमाल किसी भी घाटे की क्षतिपूर्ति के लिए किया जा सकता था।

नियमित निवेश देते हैं आश्चर्यजनक परिणाम

कभी-कभार संचयी निवेश की शक्ति को कमतर आंक लिया जाता है। इसकी शक्ति इतनी ज्यादा है कि महान वैज्ञानिक अलबर्ट आइंस्टीन ने इसे दुनिया का आठवां आश्चर्य बताया था।

उदाहरण के तौर पर फ्रैंकलिन टेंपलटन प्राइमा फंड का जिक्र किया जा सकता है। सितंबर 2000 में इसमें 2800 रुपए का निवेश किया जाता है। उस वक्त स्कीम की एन.ए.वी. 22.90 रुपए थी। निवेशक ने स्कीम की 122.27 यूनिटें खरीदीं। अगले महीने एन.ए.वी. घटकर 21.14 रुपए पर आ गई। निवेशक ने फिर 2800 रुपए से 132.45 यूनिटें खरीदीं। नवंबर में एन.ए.वी. 19.36 रुपए पर आ गई, जिस पर 144.63 यूनिटें खरीदी गईं। आगे भी स्थिति कुछ ऐसी ही रही।

एस.आई.पी. छह साल तक चला और निवेशक का कुल निवेश 5368.91 यूनिटें हो गईं। सितंबर, 2006 में स्कीम की एन.ए.वी. 176.04 रुपए थी। यूनिटों के एन.ए.वी. पर रिटर्न का हिसाब लगाने से यह 9.45 लाख रुपए पर आ जाता है। कृपया ध्यान दें, ये आंकड़े गढ़े हुए नहीं, वास्तविक हैं और यह कोई अनुमान भी नहीं है। ऐसी बात नहीं है कि सिर्फ प्राइमा ही ऐसा फंड रहा, जिसने इतना शानदार रिटर्न दिया हो। रिलायंस ग्रोथ फंड में किया गया इतना निवेश 11 लाख और रिलायंस विजन 9.83 लाख रुपए का रिटर्न देता।

तय वक्त तक सही विकल्प में किया गया नियमित निवेश आश्चर्यजनक परिणाम दे सकता है। अगले छह साल में कितना रिटर्न मिलेगा, इसके बारे में अभी कोई भी दावे के साथ कुछ नहीं कह सकता। उस वक्त परिस्थितियां ऐसी भी हो सकती हैं कि नौ लाख रुपए की भारी रकम भी कम लगे और नहीं भी। हैरी ट्रूमेन ने कहा था-दुनिया में नया सिर्फ वह इतिहास है, जिसके बारे में हम नहीं जानते।

सफल निवेश के तीन सिद्धांत हैं:

1. जब और जितना हो सके, नियमित निवेश करें।

2. सही निवेश विकल्प का चुनाव करें।
3. निवेश में बने रहें।

जल्दी-जल्दी खरीद फरोख्त न करें। इससे आपकी निवेश यात्रा बाधित हो सकती है। गंतव्य नहीं, यात्रा में ज्यादा रोमांच होता है। पहला और तीसरा सिद्धांत अनुशासन और दृढ़ विश्वास से जुड़ा है। इसलिए सब कुछ आप पर निर्भर करता है। लेकिन दूसरा? किस निवेश विकल्प को अपनाना चाहिए? इस सवाल को यूं भी रखा जा सकता है कि निवेश की दुनिया के 'प्राइमा' और 'विजन' को कैसे पहचाना जाए? इसके लिए निवेश विकल्प के इतिहास पर नजर डालें और तय वक्त में उसके प्रदर्शन का आकलन करें। किसी भी निवेश विकल्प के तीन या छह महीने के प्रदर्शन से प्रभावित न हो जाएं। वक्त की कसौटी पर ही उसकी सही पहचान होगी।

बायबैक पर शेयर बेचने वाले को देना होगा टैक्स

आमतौर पर निवेशक पूंजीगत लाभ के लिए शेयरों में निवेश करते हैं। इक्विटी में निवेश का अतिरिक्त जोखिम लेने की बड़ी वजह इसके मूल्य में और विकल्पों के मुकाबले ज्यादा बढ़ोतरी है। इनसे बोनस, स्टाफ विभाजन और शेयर बायबैक जैसे लाभ भी मिलते हैं।

बोनस शेयर

बोनस शेयर कुछ और नहीं कंपनी द्वारा शेयर धारकों को मुफ्त में दिए गए शेयर होते हैं। ये शेयर कंपनी के रिजर्व के कुछ हिस्से को बाजार पूंजीकरण में तब्दील किए जाने से उत्पन्न होते हैं। बोनस इश्यू जारी होने के बाद कंपनी के शेयरों की संख्या बढ़ जाती है लेकिन कंपनी में शेयर धारकों की आनुपातिक हिस्सेदारी पहले जितनी होती है। इसके साथ ही बोनस के बाद शेयरों की 'बिना बोनस कीमत' बोनस इश्यू के अनुपात में घट जाती है। इस तरह, शेयर धारकों की निजी संपत्ति ज्यों-ही-त्यों रहती है। हालांकि, ज्यादातर मामलों में बोनस को कंपनी की ओर से मजबूत संकेत माना जाता है। इसके बाद शेयरों की मजबूत मांग निकलने से इनकी कीमत बढ़ जाती है।

जहां तक टैक्स का सवाल है, बोनस शेयर के लिए कोई कीमत अदा नहीं की जाती इसलिए लागत और पूंजीगत लाभ शून्य होंगे। शुरुआत में जितने रुपए से खरीदे गए थे, वही शेयर की मूल कीमत माने जाएंगे। इससे फायदा इतना होगा कि बोनस शेयर जारी होने से शेयरों की मूल कीमत घट जाएगी और शेयर धारक मूल शेयर पर सांकेतिक घाटे के दावे का हकदार होगा।

शेयर विभाजन

शेयर विभाजन भारतीय शेयर बाजार के लिए नया है। निवेशकों के लिए यह समझना जरूरी है कि कंपनियां शेयर विभाजन क्यों करती हैं? और शेयर विभाजन बोनस शेयर से किस तरह अलग होते हैं? शेयर विभाजन में कंपनी

की शेयर पूंजी पहले जितनी ही रहती है। लेकिन बोनस शेयर जारी किए जाने पर कंपनी की शेयर पूंजी बढ़ जाती है और रिजर्व घट जाता है। हालांकि, शेयर विभाजन और बोनस शेयर दोनों ही में कपंनी की नेटवर्क में कोई बदलाव नहीं आता।

इसे समझने के लिए एक इक्विटी शेयर को दो में विभाजित करने का एक उदाहरण लेते हैं। मान लेते हैं कि एक कंपनी एक महीने में शेयर विभाजन करने की घोषणा करती है। इसका मतलब यह हुआ कि घोषणा के एक महीने बाद शेयरों की ट्रेडिंग मौजूदा कीमत से आधे पर होगी।इस तरह आपके पास जितने शेयर हैं वो दोगुने हो जाएंगे और इसके बदले में कंपनी के आउटस्टैंडिंग शेयरों की संख्या दोगुनी हो जाएगी।

अब यहां सवाल यह उठता है कि निवेशक की संपत्ति में कोई बदलाव नहीं आएगा, तो फिर कंपनी ने शेयर विभाजन की घोषणा क्यों की? कंपनी ऐसा अपने शेयरों को और लिक्विड बनाने के लिए करती है। इससे निवेशकों के लिए उन्हें खरीदना आसान हो जाता है। ऐसा करने से शेयर सिर्फ सस्ते नजर आते हैं। इससे कोई फर्क नहीं पड़ता कि निवेशक 3000 रुपए का एक शेयर खरीदता है या 1500-1500 रुपए के दो।

जहां तक कर का सवाल है शेयर विभाजन पर किसी तरह के टैक्स की देनदारी नहीं बनती है। बोनस शेयर की तरह ही शेयर विभाजन भी कर मुक्त है। हालांकि, शेयरों को बेचते वक्त निवेशक को हुए पूंजीगत लाभ पर टैक्स बोनस शेयर पर लागू कर से अलग होगा। यहां, शेयरों की मूल लागत भी घट जाएगी।

शेयर बायबैक

शेयर बायबैक भी भारतीय शेयर बाजार के लिए नया है। रिलायंस, सीमेंस और इनफोसिस ऐसी कुछ कंपनियाँ हैं, जिन्होंने शेयर बाय बैक किए हैं। बायबैक एक तरीका है जिससे कंपनियां अपने पूंजीगत ढांचे को और लचीला बना सकती हैं। बायबैक से कंपनियों को अपने डेट इक्विटी अनुपात को ऊंचा बनाए रखने में मदद मिलती है। इसके अलावा इससे संभावित अधिग्रहण से बचाव में भी मदद मिलती है। आमतौर पर कंपनियां तभी बायबैक करती हैं जब उन्हें लगता है कि उनके शेयरों की कीमत कम है या फिर उन्हें लगता है कि उनके पास सरप्लस नकद है, जिनके निवेश की तत्काल कोई जरूरत नहीं है। कंपनी की प्रति शेयर आय में कमी को घटाने के लिए भी शेयर बायबैक किए

जाते हैं। इसे यूं भी कहा जा सकता है कि बायबैक योजना कंपनी की प्रति शेयर आय को बढ़ा देती है। इसके अलावा शेयर बायबैक को लाभांश अदायगी के बराबर माना जा सकता है। इससे शेयर बायबैक को लेकर कर की देनदारी का बड़ा मुद्दा बनता है।

यहां सवाल यह उठता है कि बायबैक के लिए अदा की गई रकम लाभांश है या फिर शेयरों के ट्रांसफर के लिए अदाएगी? अगर यह लाभांश अदाएगी है तो निवेशक के हाथों कर योग्य नहीं होगी। तो फिर एक और सवाल उठता है कि बायबैक के लिए की गई अदाएगी को किस हद तक लाभांश माना जाएगा? क्या पूरी रकम लाभांश होगी या फिर यह अंकित मूल्य पर प्रीमियम की अदाएगी होगी?

अनारकली बनाम सी.आई. (1997) 90 टैक्समेन 509 (एम.जी.) मामले में कहा गया कि कंपनी द्वारा शेयरों का रिडक्शन शेयर धारकों द्वारा कंपनी को शेयरों की बिक्री के बराबर माना जाएगा। वित्त अधिनियम 1999 में इस बात को दोहरा कर इस संबंध में हर तरह की दुविधा को खत्म कर दिया गया। कोई कंपनी अपने शेयर धारकों से वापस खरीदती है तब शेयर धारकों को मिली रकम और शेयरों के खरीद मूल्य के बीच का अंतर पूंजीगत लाभ माना जाएगा क्योंकि लाभांश की परिभाषा में कंपनी द्वारा अपने शेयरों की खरीद के लिए की गई अदाएगी शामिल नहीं है।

म्यूचुअल फंड में निवेश के लिए जरूरी है 'मिन'

म्यूचुअल फंड में निवेश के लिए अब निवेशक को म्यूचुअल फंड आइडेंटीफिकेशन नंबर (मिन) बताना पड़ेगा। 1 जनवरी 2007 से मिन को जरूरी बना दिया गया है। शेयर बाजारों का नियमन करने वाली संख्या सेबी के निर्देश पर एंजी ने इस संबंध में दिशा निर्देश जारी किया है।

क्या है मिन?

मिन एक अनूठी संख्या है जो म्यूचुअल फंड में निवेश करने वाले व्यक्ति को प्रदान की जाएगी। म्यूचुअल फंड के जरिए शेयर बाजारों में काले धन के निवेश पर अंकुश लगाने के लिए सेवी ने मिन को लागू करने का निर्देश दिया है। इसे मनी लांडरिंग एक्ट 2002 के तहत लागू किया गया है।

किसके लिए जरूरी होगा?

म्यूचुअल फंड की स्कीमों में पचास हजार या उससे अधिक राशि निवेश करने वाले सभी निवेशकों के लिए मिन जरूरी होगा। यह सभी तरह के निवेशकों मसलन व्यक्तिगत, गैर-व्यक्तिगत, रेजिडेंट और अप्रवासी भारतीय (एन.आर.आई.) के लिए जरूरी होगा। यह सिस्टमेटिक इंवेस्टमेंट प्लान (एस. आई.पी.) में निवेश के मामले में भी लागू होगा। हालांकि, कोई मौजूदा निवेशक, जिसका निवेश 50 हजार से कम है और जिसके द्वारा किया गया नया निवेश 50 हजार रुपए या उससे कम है, के लिए मिन जरूरी नहीं होगा। सभी संयुक्त निवेशकों को भी अपने-अपने मिन की जानकारी देनी पड़ेगी।

कौन सी संस्था मिन जारी करेगी?

म्यूचुअल फंड कंपनियों ने साझा मंच के जरिए मिन जारी करने का फैसला किया है। इसके लिए कंपनियों ने सी.डी.एस.एल. वेंचर्स लिमिटेड से विशेष समझौता किया है। सी.डी.एस.एल. ने प्वाइंट ऑफ सर्विस के रूप में

कुछ संस्थाओं को नियुक्त किया है। इसके अलावा कुछ नामित एम.एफ. इंपेस्टर सेवा केन्द्रों के जरिए भी मिन के लिए आवेदन किया जा सकता है। इस तरह की संस्थाओं की सूची जल्द ही सभी म्यूचुअल फंड कंपनियों और एंफी की वेबसाइट पर उपलब्ध करा दी जाएगी। आवेदन पत्र एंफी और एम.एफ. कंपनियों की वेबसाइट से भी डाउनलोड किया जा सकता है। वर्तमान में मिन जारी करने के एवज में कोई शुल्क नहीं लिया जाएगा।

मिन के लिए देनी होगी पूरी जानकारी

मिन प्राप्त करने के लिए आवेदक को पूरी जानकारी देनी होगी। जानकारी अधूरी रहने या पर्याप्त दस्तावेज के अभाव में आवेदन रद्द कर दिया जाएगा और इसकी जानकारी आवेदक को दे दी जाएगी। यदि इस बीच आवेदक को म्यूचुअल फंड की इकाइयां (यूनिट) जारी कर दी गई हैं तो उन्हें उस समय के एन.ए.वी. के आधार पर रुपए में परिवर्तित कर राशि आवेदक को लौटा दी जाएगी। स्कीम में एक्जिट लोन का प्रावधान होने पर उसे आवेदक से वसूला जाएगा। ई.एल.एस.एस. के मामले में यूनिट जारी होने की तारीख से 21 दिनों के अंदर निवेश की राशि आवेदक को वापस कर दी जाएगी। नए फंड ऑफर के मामले में राशि छह हफ्ते में वापस कर दी जाएगी।

रद्द नहीं होने तक इस्तेमाल में लाया जाएगा

एक बार आवंटित हो जाने और तीन साल तक इस्तेमाल किए जाने के बाद रद्द किए जाने तक उसका अस्तित्व बना रहेगा। आपको उन सभी म्यूचुअल फंड कंपनियों को मिन की जानकारी देनी होगी, जिनके फंड में आपने निवेश किया है। किसी अवयस्क द्वारा निवेश की स्थिति में उसके अभिभावक का मिन जरूरी होगा। अवयस्क के 18 साल की उम्र पूरी करते ही उसे अलग मिन हासिल करना होगा।

एन.आर.आई. को कौन से दस्तावेज देने होंगे?

एन.आर.आई. मिन हासिल करने के लिए जरूरी दइस्तावेजों के साथ अपना आवेदन अपने प्रतिनिधि या डिस्ट्रीब्यूटर के पास भेज सकते हैं। उन्हें अपने पासपोर्ट की प्रति, विदेश में अपने पते का प्रमाण और स्थाई पता देना होगा। * ने म्यूचुअल फंडों के जरिए शेयर बाजार में काले धन के निवेश पर अंकुश के लिए मिन को अनिवार्य बना दिया है।

ईसोप के शेयरों के लिए अपनी जेब से पैसे भरें

न सिर्फ भारत में बल्कि दुनिया भर के शेयर बाजारों में तेजी का माहौल बना हुआ है। ऐसे में स्टॉक ऑप्शन एक बार फिर कर्मचारियों को खुश करने का तरीका बन गया है। इस चलन को देश में पहले सॉफ्टवेयर क्षेत्र की अग्रणी कंपनियों ने शुरु किया। अब सभी उद्योगों में कंपनियां टॉप मैनेजमेंट से लेकर अदना कर्मचारियों को ईसोप दे रही हैं।

आइए देखते हैं कि क्या होते हैं एम्प्लॉय स्टॉक ऑप्शन प्लान (ईसोप)? कंपनियां कैसे और क्यों कर्मचारियों को ईसोप देती हैं? वेस्टिंग अवधि क्या होती है और यह कर्मचारियों को कैसे प्रभावित करती है? ईसोप पर कैसे कर लागू होता है और कम कर देयता के लिए कर्मचारी को क्या करना चाहिए?

इन सवालों के जवाब स्टाक ऑप्शन की सरल परिभाषा से शुरु करते हैं। स्टाक ऑप्शन कर्मचारियों को तय वक्त में तय कीमत पर कंपनी के शेयर खरीदने का विकल्प देता है। इसे आमतौर पर मौजूदा कीमत से डिस्काउंट कर मुहैया कराया जाता है।

वेस्टिंग अवधि : स्टाक ऑप्शन पाने का मतलब यह नहीं होता कि कंपनी के शेयर मिल गए हैं। ऑप्शन शेयर खरीदने का अधिकार होता है न कि एक जिम्मेदारी। कर्मचारी ऑप्शन का इस्तेमाल कर खरीदारी कर सकता है। आमतौर पर इस ऑप्शन के इस्तेमाल करने के हक को कई सालों में बांट दिया जाता है। दूसरे शब्दों में कर्मचारी को इन शेयरों को खरीदने का हक हासिल करना होगा। उन्हें उनमें निवेशरत रहना होगा।

उदाहरण के लिए, कखग लिमिटेड ने 200 रुपए प्रति शेयर की दर से 100 शेयर खरीदने का विकल्प दिया है। कर्मचारी शेयरों का 25 फीसदी पहले साल खरीद सकता है और बाकी हिस्सा अगले तीन सालों में। इसका मतलब कि हर साल कुल शेयरों का 25 फीसदी निवेश होगा। वेस्टिंग शिड्यूल यह तय करता है कि कर्मचारी कब अपने ऑप्शन का इस्तेमाल कर सकता है। वेस्टिंग अवधि में कर्मचारी तय कीमत पर शेयर खरीदने के हक का इस्तेमाल

कर सकता है।

स्टॉक ऑप्शन योजना में वेस्टिंग शिड्यूल, एक्सरसाइज प्राइज और एक्सरसाइज अवधि लिखी रहती है। ज्यादातर मामलों में एक्सरसाइज अवधि और वेस्टिंग शिड्यूल समान होते हैं।

कर की स्थिति : स्टॉक ऑप्शन 1999-2000 तक देश में दो स्तर वाली कर व्यवस्था थी। कराधान का पहला चरण ऑप्शन के इस्तेमाल पर होता था। शेयर के बाजार मूल्य और इसके लिए कर्मचारी की चुकाई कीमत के अंतर पर कर देना पड़ता था। शेयरों की बिक्री पर विक्रय मूल्य और शेयर के क्रय मूल्य के अंतर पर पूंजीगत लाभ कर देना पड़ता था।

अब सिर्फ शेयरों की बिक्री के वक्त ही कर देना पड़ता है। इसका मतलब यह कि शेयर की बिक्री के वक्त खरीद मूल्य और विक्रय मूल्य के बीच के अंतर पर पूंजीगत लाभ कर लगता है। इस पर पूंजीगत लाभ कर के साधारण नियम लागू होते हैं। एक साल तक शेयर अपने पास रखने के बाद किसी मान्यता प्राप्त स्टाक एक्सचेंज में बेचें तो उससे दीर्घावधि पूंजीगत लाभ होगा और वह करमुक्त होगा। नहीं तो इस पर 10 फीसदी की दर से अल्पावधि पूंजीगत लाभ कर लागू होगा। भारतीय कंपनियों द्वारा अपने कर्मचारियों को दिए गए ईसोप पर इस तरह कर लागू होता है।

विदेशी ईसोप : बहुत से सॉफ्टवेयर प्रोफेशनल को विदेशी पैरेंट कंपनियां ईसोप देती हैं। इस पर किस तरह कर लागू होगा? यहां भी पूंजीगत लाभ कर लागू होगा। अंतर सिर्फ इतना है कि चूंकि शेयरों का लेन-देन घरेलू स्टॉक एक्सचेंज में नहीं होता, इसलिए 12 महीने से ज्यादा समय तक निवेश रत रहे निवेशकों पर इंडेक्शन के साथ 20 फीसदी की दर से कर लागू होगा। इससे कम वक्त के लिए निवेशरत रहने की स्थिति में कर्मचारी पर कर की पूरी दर लागू होगी।

गलतियों से बचाव : वेस्टिंग अवधि के दौरान शेयरों की खरीद पर कर्मचारियों को बड़ी रकम खर्च करना होता है। जरूरी नहीं कि शेयर खरीदने के हक का इस्तेमाल करने के लिए हरेक के पास पैसे हों। इसलिए ज्यादातर कंपनियां कर्मचारियों को फैशलेस ट्रांजेक्शन का लाभ देती हैं। इसे ऑप्शन की क्लिपिंग भी कहा जाता है। ऐसे में कर्मचारी ऑप्शन का इस्तेमाल कर एक ही ट्रांजेक्शन में इन्हें बेच सकता है।

हालांकि, ऐसे में कर्मचारी को अल्पावधि पूंजीगत लाभ होता है और अगर शेयर विदेश में सूचीबद्ध हों तो लाभ पर कर की सबसे ऊंची दर 30.6 फीसदी

या 33.66 फीसदी लागू होती है। उन कर्मचारियों को यह नुकसान उठाना पड़ता है जिन्हें ईसोप में विदेश में सूचीबद्ध पैरेंट कंपनी के शेयर मिलते हैं। इस समस्या से बचा जा सकता है लेकिन कर्मचारी को थोड़ी मेहनत करनी होगी। कर्मचारी एच.आर. विभाग को यह कह सकता है कि उसे कैशलेस एक्सरसाइज ऑप्शन में दिलचस्पी नहीं है।

ईसोप के शेयरों के लिए अपनी जेब से पैसे भरें। नकदी की कमी हो तो लोन ले लें। पर ध्यान दें, लोन एक साल से कम का होना चाहिए। हालांकि, लोन के लिए ब्याज अदाएगी और कर बचत की तुलना जरूर कर लेनी चाहिए। अधिकांश मामलों में कैशलेस एक्सरसाइज ज्यादा महंगा साबित होता है।

कुल मिलाकर,एक कंपनी अपने कर्मचारियों के लिए कई तरीके से स्टॉक ऑप्शन की योजना बना सकती है। लेकिन प्लान कैसा भी हो, बुनियादी सिद्धांत नहीं बदलते। इसका ज्यादा से ज्यादा लाभ उठाने के लिए कर्मचारी को वेस्टिंग अवधि, एक्सरसाइज अवधि और कराधान के मद्देनजर कंपनी की योजना की पड़ताल करनी चाहिए।

विदेशी शेयर बाजारों में निवेश

भारतीय कंपनियों के शेयरों और म्यूचुअल फंडों में निवेश करने वाले निवेशक जल्द ही विदेशी शेयर बाजारों में निवेश कर सकेंगे। बजट में इस संबंध में की गई घोषणा के लागू हो जाने के बाद विदेशी कंपनियों के शेयरों में निवेश की राह आसान हो जाएगी। वर्तमान में घरेलू निवेशकों को विदेशी कंपनियों के शेयरों में निवेश की इजाजत है, लेकिन संबंधित प्रक्रिया बहुत जटिल है।

विदेश में निवेश के मौजूदा नियम

वर्तमान में घरेलू म्यूचुअल फंडों को कुछ खास शर्तें पूरी करने पर विदेशी प्रतिभूतियों में निवेश करने की इजाजत है। इसी तरह भारतीय नागरिकों को भी विदेश में सालाना 50 हजार डॉलर तक निवेश करने की अनुमति दी गई है। लेकिन नियमों के तार्किक नहीं होने से निवेशक इसका लाभ नहीं उठा पाते। बजट में की गई घोषणा में दोनों ही नियमों को तार्किक बनाने की कोशिश छुपी है। बजट में की गई घोषणा के लागू होने पर देशी निवेशक म्यूचुअल फंडों के जरिए विदेश में सूचीबद्ध शेयरों में निवेश कर सकेंगे। मौजूदा नियमों के मुताबिक म्यूचुअल फंड उद्योग द्वारा विदेश में किया जाने वाला निवेश तीन अरब डॉलर से अधिक नहीं होना चाहिए। इसके अलावा किसी एक म्यूचुअल फंड द्वारा विदेश में किए जाने वाले निवेश की सीमा भी तय की गई है। यह सीमा संबंधित म्यूचुअल फंड द्वारा प्रबंधन की जा रही राशि के 10 फीसदी से अधिक नहीं होनी चाहिए। इस तरह से प्रत्येक म्यूचुअल फंड के लिए भी अलग से 15 करोड़ डॉलर की सीमा तय की गई है।

ई.टी.एफ. में भी निवेश की इजाजत

योग्यता प्राप्त कुछ घरेलू म्यूचुअल फंडों को विदेशी एक्सचेंज ट्रेडेड फंडों (ई.टी.एफ.) में निवेश की इजाजत है। वे विदेशी ई.टी.एफ. में एक अरब डॉलर तक निवेश कर सकते हैं। लेकिन ऐसा करने के लिए कुछ शर्तें पूरी करनी पड़ती हैं। पहला, विदेशी ई.टी.एफ. में वही म्यूचुअल फंड निवेश कर

सकता है जो 31 जुलाई 2006 को दस साल तक परिचालन कर चुका हो। दूसरा, म्यूचुअल फंड या इसके प्रवर्तकों को विदेशी प्रतिभूतियों में निवेश का अनुभव होना चाहिए और इसका प्रमाणपत्र ट्रस्टी द्वारा प्रदान किया जाना चाहिए। विदेशी ई.टी.एफ. में निवेश के लिए प्रत्येक म्यूचुअल फंड के लिए पांच करोड़ डॉलर की सीमा तय की गई है।

व्यक्तिगत निवेशकों से संबंधित नियम

20 दिसंबर 2006 को जारी किए गए एक सर्कुलर के मुताबिक भारतीय निवेशक को किसी एक कैलेंडर वर्ष में विदेशी निवेश माध्यमों में 50,000 डॉलर के निवेश की अनुमति दी गई है। ऐसे निवेशक केवल उन्हीं कंपनियों के शेयरों में निवेश कर सकते हैं जिनकी भारत में सूचीबद्ध किसी कंपनी में 10 फीसदी हिस्सेदारी हो। उदाहरण के लिए यूनीलीवर में निवेश किया जा सकता है, क्योंकि हिन्दुस्तान लीवर लिमिटेड में उसकी हिस्सेदारी दस फीसदी से अधिक है। इस तरह से कोई भारतीय निवेशक अगर गूगल के शहरों को खरीदना चाहे तो वह ऐसा नहीं कर सकता है। लेकिन नए नियमों में इस शर्त को समाप्त कर दिया गया है। बजट में विदेश में निवेश संबंधी नियमों को व्यावहारिक बनाने की घोषणा की गई है। अभी तक इस मामले में दिशानिर्देश नहीं जारी किया गया है, लेकिन इसकी पूरी संभावना है कि घरेलू म्यूचुअल फंडों को ऐसी खास स्कीमें जारी करने की इजाजत दी जाएगी, जो सिर्फ विदेश में निवेश के मकसद से लांच की जाएगी।

उम्मीद है कि विदेश में निवेश से संबंधित नए दिशा निर्देशों में मौजूदा नियमों की खामियां दूर कर दी जाएंगी। उदाहरण के लिए विदेशी ई.टी.एफ. में निवेश के लिए म्यूचुअल फंड का दस साल से अधिक पुराना होना जरूरी है। इस नियम के चलते भारतीय म्यूचुअल फंड विदेशी ई.टी.एफ. में निवेश नहीं कर पाते। इस नियम के चलते भारत में ई.टी.एफ. की शुरुआत करने वाले बेंचमार्क म्यूचुअल फंड तक को विदेशी ई.टी.एफ. में निवेश करने की पात्रता हासिल नहीं है। जबकि सच्चाई यह है कि यह फंड विदेशी ई.टी.एफ. में पैसे का प्रबंधन करने की सबसे बेहतर स्थिति में है। नब्बे के दशक की शुरुआत में घरेलू म्युचुअल फंडों ने परिचालन शुरु किया था, इसलिए विदेशी ई.टी.एफ. में निवेश के लिए 10 साल के अनुभव की शर्त जायज नहीं है। वर्तमान में म्यूचुअल फंड कंपनियों द्वारा करीब 3,58,261 करोड़ रुपए का प्रबंधन किया जा रहा है। विदेश में निवेश से संबंधित नियमों के सरल होने से म्यूचुअल फंड निवेशकों के पैसे को विदेशी कंपनियों में निवेश कर सकेंगे।

शेयर बाजार में पैसे को डूबने से बचाने के सूत्र

शेयर बाजार में आई.पी.ओ. की बाढ़ सी आ रही है और पहले से मौजूद शेयरों के भाव आसमान को छू रहे हैं। अपनी मेहनत से कमाए गए पैसे का शेयर बाजार में निवेश करने से पहले नए निवेशक को फूंक-फूंककर कदम रखना चाहिए।

शेयर बाजार में पैसे को डूबने से बचाने के लिए इन चार सूत्रों पर गौर करना चाहिए:

1. जैसे आप कारोबार में निवेश करते हैं उसी तरह शेयर में निवेश करें

क्या दस वर्षों के बाद भी कारोबार चलता रहेगा? अगर आप निश्चित नहीं हैं तो फिर निवेश करने की जरूरत नहीं है। उदाहरण के तैर पर हीरो होंडा का नाम ले सकते हैं। यह बात दावे के साथ कही जा सकती है कि दस साल के बाद भी यह कंपनी बाजार में बनी रहेगी।

यह तय करें कि जिस कंपनी का शेयर आप खरीद रहे हैं क्या उसे लंबे समय में मुनाफा मिलेगा? हमेशा लंबे समय के मुनाफे के बारे में सोचकर निवेश करें। आप सुनिश्चित कर लें कि ये कंपनियां 10 वर्षों के बाद भी अस्तित्व में रहेंगी और उन्हें लाभ मिलता रहेगा। ऐसी कंपनियों की गिनती कम होती है जो लंबे समय तक मुनाफा कमा सकें और बाजार में कायम रह सकें। 1990 के दशक में आई.पी.ओ. जारी करने वाली तकरीबन 50 फीसदी कंपनियां कारोबार से बाहर हो चुकी हैं। उनमें से 25 फीसदी कंपनियां 5 फीसदी से भी कम मुनाफे के साथ कारोबार कर रही हैं। इस वर्ग में आने वाले ज्यादातर व्यवसाय लंबे समय तक फायदेमंद नहीं होते।

2. 'सही कीमत' पर शेयर खरीदें

एक अच्छे कारोबार का मतलब यह नहीं है कि उसमें निवेश करना भी बेहतर ही हो। मान लीजिए आप एक मारुति जेन खरीदना चाहते हैं जिसकी बाजार में कीमत 3.5 लाख रुपए है। अगर कोई नई कार 1.75 लाख रुपए में

बेचने के लिए तैयार हो तो आप उसे जरूर खरीदना चाहेंगे। लेकिन अगर कोई आपसे इस कार के लिए 5 लाख रुपए कीमत मांगेगा तो आप उसकी तरफ मुड़कर भी देखना पसंद नहीं करेंगे। आप तब तक इंतजार करना पसंद करेंगे जब तक सही भाव पर आपको कार मिल नहीं जाती।

यही बर्ताव आपको शेयरों की खरीदारी के वक्त भी करना चाहिए। मूल्य का हमेशा ध्यान रखें।

3. प्रबंधन की नीयत पहचानें

ऐसे व्यवसाय में ही निवेश करें जिन पर आपको भरोसा हो। आप जालसाजों के साथ किसी भी हालत में भागीदारी करना पसंद नहीं करेंगे। जो प्रमोटर अपने शेयर धारकों की परवाह नहीं करता, उसका भरोसा हरगिज नहीं करें। प्रमोटर की ठीक से जांच-पड़ताल कर लें और उसकी नीयत की पहचान कर लें।

4. लुभावनी योजनाओं से बचें

एस.एम.एस. संदेश, ब्रोकर के प्रस्ताव या अंदरूनी व्यक्तियों की गुप्त सलाह के आधार पर निवेश करने का फैसला हरगिज नहीं करें। ऐसे जालसाजों की कमी नहीं है जो आकर्षक योजनाओं के जरिए नए निवेशकों को गुमराह करते हैं। 'पंप एंड डंप' इसे ही कहा जाता है। कुछ लोग सबसे पहले शेयर खरीदकर प्रचार करने लगते हैं कि तीन से छह महीने में उनके भाव दोगुने हो जाएंगे। जब सभी शेयर खरीदने लगते हैं तो वे भाव गिरा देते हैं।

ऊपर के ये चारों सूत्र अचूक हैं जिन्हें सफल निवेशक बैंजामिन ग्राहम और वारेन बफेट भी पालन करते रहे हैं। इन सूत्रों का पालन करते हुए आप शेयर बाजार में अपने पैसे को डूबने से बचा सकते हैं।

बचत और निवेश की अवधारणा

कुछ लोग समझते हैं कि बचत और निवेश में कोई अंतर नहीं होता। लेकिन सच्चाई यह नहीं है। असल में दोनों ही धन के प्रबंधन के दो भिन्न तरीके होते हैं। इन दोनों के बीच के अंतर को समझते हुए आप अपनी वित्तीय जरूरतों के अनुसार जागरुकता के साथ निर्णय ले सकते हैं।

बचत : संरक्षण पर केंद्रित

सामान्य रूप से बचत का मतलब होता है कि निश्चित समय अवधि में आप जो धन अर्जित करते हैं उसे सुरक्षित रखने के उपाय भी करते हैं। बचतकर्ता के लिए मुनाफे की जगह जमा की गई राशि की सुरक्षा ज्यादा अहमियत रखती है। बचतकर्ता किसी भी किस्म का जोखिम उठाने से दूर रहते हैं और वे अपनी राशि परंपरागत वित्तीय संस्थाओं में जमा करते हैं। वे बैंक और डाकघर में अपने पैसे को रखना सुरक्षित समझते हैं। इस तरह के वित्तीय संस्थाओं में धन जमा करने पर मामूली ब्याज मिलता है, लेकिन मूल जमा राशि की सुरक्षा की गारंटी रहती है। इस तरह की बचत से आपकी तात्कालिक जरूरतों की पूर्ति तो हो सकती है लेकिन लंबे समय में आपके वित्तीय उद्देश्यों को पूरा करने में इस तरह की बचत नाकाफी होती है, चूंकि आपको अपनी जमा राशि पर अल्प लाभ ही मिल पाता है।

इसके अलावा यह भी याद रखा जाना चाहिए कि कम जोखिम वाली बचत संस्थाएं जो लाभ देती हैं वे मुद्रास्फीति को देखते हुए सामान्य ही कहलाएंगे। जीवन स्तर का खर्च बढ़ने के साथ-साथ आपको जरूरी चीजें खरीदने और अपने वित्तीय लक्ष्य को पाने के लिए अधिक पैसों की जरूरत होती है। ऐसी स्थिति में आपकी जमापूंजी में मुद्रास्फीति की तुलना में अधिक तीव्रता से वृद्धि होनी चाहिए, तभी आप दीर्घकालीन वित्तीय लक्ष्यों तक पहुंच पाने में कामयाब हो सकते हैं।

उदाहरण के तौर पर, आप एक सामान खरीदना चाहते हैं जिसकी कीमत वर्तमान में 10 हजार रुपए है और आप 7500 रुपए बचत खाते में डाल देते हैं जहां हर साल आपको पांच प्रतिशत की दर से ब्याज मिलता है। 10 वर्षों

के बाद आपके जमा किए गए रुपए बढ़कर 12216 रुपए हो जाएंगे। उसकी अवधि में पांच प्रतिशत मुद्रास्फीति की दर से अगर सामान का दाम भी बढ़ता रहे तो 10 वर्षों में उसकी कीमत 16288 रुपए हो जाएगी। इस तरह आप आज की दर के हिसाब से सामान के मूल्य की तुलना में 2500 रुपए पीछे रह जाएंगे। इन 10 वर्षों में मुद्रास्फीति की वजह से आप सामान के वर्तमान मूल्य के अनुपात से 4072 रुपए पीछे रहेंगे। अगर आप 10 वर्षों में 7500 रुपए को 16288 रुपए में परिवर्तित होते हुए देखना चाहते हैं तो आपको प्रतिवर्ष 8.5 प्रतिशत की दर से ब्याज की जरूरत होगी।

निवेश : संचयन पर केंद्रित

जब आप अपनी पूंजी का निवेश करते हैं तो इसका अर्थ होता है कि आप अपनी पूंजी में वृद्धि करना चाहते हैं। बचत की तुलना में निवेश करते समय मूल पूंजी के डूबने का जोखिम ज्यादा रहता है। शेयर, बौंड्स आदि के मूल्यों में तेजी से उतार-चढ़ाव आता रहता है। निवेशकर्ता को उतार-चढ़ाव का सामना करने के लिए तैयार रहना पड़ता है। निवेशकर्ता को यह मानकर चलना पड़ता है कि अगर उसके निवेश का भाव गिरता जाएगा तो उसे पूंजी गंवानी पड़ सकती है। जोखिम उठाने के बदले निवेशकर्ता को अधिक आय या वृद्धि मिलने की संभावना रहती है और मुद्रास्फीति से बचने के लिए कम जोखिम वाली बचत योजनाओं की तुलना में अधिक सुरक्षा मिलती है।

सुनियोजित तरीके से निवेश करने से जोखिम से बचा जा सकता है। अलग-अलग निवेश योजनाओं में अपने पैसे को लगाकर आप जोखिम और अधिक मुनाफे के बीच तालमेल कायम कर सकते हैं।

शेयर बाजारों में मुक्त इंडेक्स

शेयर बाजारों में मुक्त इंडेक्स की परिकल्पना मार्गन स्टेनली केपिटल इंटरनेशनल (एम.एस.सी.आई.) ने उभरते बाजारों के मुक्त इंडेक्स, जिसे एक. एस.सी.आई इंडेक्स कहा जाता है, को जो नया स्वरूप दिया है, उसकी भारत के शेयर बाजार के बाजारियों व एफ.आई.आई. ने अवहेलना कर दी है। इस अवहेलना की मुख्य वजह दो हैं-(1) इंडेक्स को नया रूप देने की चर्चा बाजार में लंबे समय से चल रही थी, इसलिए बाजार ने अपने को उसके अनुरूप ढाल लिया एवं उप इंडेक्स को डिस्काउंट कर दिया। (2) इंडेक्स को नया रूप देने का काम चरणबद्ध रूप में होगा, इसलिए बाजार को हाल के कामकाज के लिए इंडेक्स से कोई खतरा नहीं है। अर्थात् एम.एस.सी.आई. ने एक ओर उभरते बाजारों को कुछ संभलने का अवसर दिया है तो दूसरी ओर कंपनियों को यह मौका दिया है कि वे बाजार में अपनी स्क्रिप की उपलब्धता (फ्री-फ्लोट) बढ़ाने का प्रयास करें ताकि जब इंडेक्स पूरी तरह फ्री-फ्लोट आधारित बन जाए तो बाजार उसके धक्के को सहन करने में सक्षम हो जाए। देखा जाए तो इस इंडेक्स के संबंध में जो भय बाजार में फैला था, वह गलत नहीं था।

विदेशी शेयर बाजारों में मुक्त इंडेक्स की स्थिति फुटसी ग्लोबल (ब्रिटेन के शेयर बाजार का दिशा निर्देश व प्रतिष्ठित शेयर इंडेक्स) एवं डी जोन्स इंडस्ट्रीयल एवरेज (न्यूयार्क स्टॉक एक्सचेंज का शेयर इंडेक्स) स्क्रिपों की मुक्त उपलब्धि या फ्री फ्लोट पर आधारित बना दिए गए हैं । इसीलिए मार्गन स्टेनली केपिटल इंटरनेशनल (एम.एस.सी.आई.) इन्हीं के नक्शे कदम पर चलते हुए अपने उभरते बाजारों (विकासशील देशों के शेयर बाजारों) के मुक्त अंतर्राष्ट्रीय इंडेक्स को फ्री-फ्लोट के अनुरूप बना रही है, क्योंकि फ्री-फ्लोट (मुक्त उपलब्धता) आधारित अंशों के भाव ही सही मायने में निवेश के महत्त्व का प्रदर्शन करते हैं।

अंशों की उपलब्धता बढ़ाना क्यों जरूरी?

जिस कंपनी के अंश बाजार में अधिक उपलब्ध न हों, उसके ऊंचे भाव

कोई विशेष मतलब नहीं रखते। अगर किसी कंपनी का बाजार पूंजीकरण बहुत भारी हो, किंतु बाजार में उसके 10 प्रतिशत से कम अंश उपलब्ध हों, तो उसमें निवेश की पात्रता घट जाती है। इसका मतलब यही है कि जिस कंपनी की स्क्रिप की उपलब्धता अच्छी हो एवं उसके अंशों में खरीदी बढ़ेगी तो एम.एस. सी.आई. इंडेक्स में उस स्क्रिप का भार बढ़ जाएगा। इसी तरह उपलब्धि घटी हुई रही तो एम.एस.सी.आई. में उसका भार घट जाएगा।

भारतीय परिप्रेक्ष्य में मुक्त इंडेक्स

भारतीय कंपनियों की स्क्रिप में एम.एस.सी.आई. इंडेक्स के भार का निर्धारण अंशों में एफ.आई.आई. की उपलब्धता के आधार पर होगा। जिस स्क्रिप में एफ.आई.आई. की खरीदी की सीमा बांधी गई होगी, उस स्क्रिप में एफ.आई.आई. के लिए फ्लोटिंग स्टॉक कम रहेगा एवं परिणामस्वरूप एम.एस. पी.आई. इंडेक्स में उस स्क्रिप का भार घट जाएगा। भारत में एफ.आई.आई. पर यह प्रतिबंध है कि वे राष्ट्रीयकृत बैंकों की स्क्रिपें अधिक नहीं खरीद सकते। कुछ स्क्रिपों में उनकी खरीदी सीमा 25 प्रतिशत की बांधी गई हैं तो कुछ पर 30 प्रतिशत की। सरकार ने 30 प्रतिशत की सीमा बढ़ाकर 40 प्रतिशत कर दी है और कतिपय कंपनियों ने अपने अंश धारकों की अनुमति प्राप्त करके स्क्रिप में एफ.आई.आई. के निवेश को 40 प्रतिशत कर दिया है। फिर भी देखा जाए तो देश में एफ.आई.आई. के लिए अंशों की उपलब्धता घटी हुई है, क्योंकि कई देशों ने एफ.आई.आई. को 49 प्रतिशत तक अंश खरीदने की अनुमति दे रखी है, इसीलिए एम.एस.सी.आई. इंडेक्स का नया स्वरूप जब भी पूरी तरह अमल में आएगा, तब उसमें भारतीय स्क्रिपों का भार घटेगा ही।

भार घटना एफआई.आई. के लिए घाटे का सौदा है। उभरते बाजारों में उनका निवेश एम.एस.सी.आई. इंडेक्स पर ही आधारित होता है एवं जिस देश की स्क्रिपों में इस इंडेक्स का भार बढ़ेगा, उस देश में उनकी खरीदी बढ़ेगी। अर्थात् जिस देश की स्क्रिपों का भार घटेगा, उसमें उनकी बिक्री बढ़ेगी।

एम.एस.सी.आई. ने भारत सरकार व कंपनियों को यह अवसर दे दिया है कि वे भारत के शेयर बाजार में एफ.आई.आई. के लिए शेयरों की उपलब्धता बढ़ाकर न केवल शेयर बजार को बेहतर बनाएं, बल्कि पोर्टफोलियो इन्वेस्टमेंट के तहत एफ.आई.आई. की विदेशी मुद्रा की आवक में अच्छी वृद्धि लाने का प्रयास करें। ए.डी.आर./जी.डी.आर. के माध्यम से अंशों के फ्री-फ्लोट में वृद्धि लाई जा सकती है, वहीं स्क्रिप विशेष में एफ.आई.आई. की निवेश सीमा को बढ़ाकर यह काम किया जा सकता है।

निवेशक क्या करें और क्या न करें

बढ़ते कारोबार के कारण अधिकाधिक निवेशक शेयर बाजार में निवेश कर रहे हैं। इसलिए निवेशकों के लिए जरूरी है कि वे शेयर बाजार में कारोबार करने के लिए 'क्या करें' और 'क्या न करें' वाले पहलू जान लें, क्योंकि इसमें जोखिम भी है। शेयर बाजार से ताल्लुक रखने वाले निवेशकों के लिए नीचे 'क्या करें' और 'क्या न करें' की सूची दी गई है।

क्या करें?

1. हमेशा सेबी एक्सचेंज में पंजीकृत बाजार संस्थाओं के साथ संबंध रखें।

2. अपने ब्रोकर एजेंट डिपॉजीटरी पार्टिसिपेंट को स्पष्ट और सटीक निर्देश दें।

3. हमेशा अपने ब्रोकर से अनुबंध (कांट्रेक्ट) कागजात ले लें। सौदों के बारे में संदेह होने पर, एक्सचेंज की वेबसाइट पर उसकी वास्तविकता की पुष्टि करें।

4. बाजार मध्यस्थियों के बकाया भुगतान हमेशा सामान्य बैंकिंग माध्यमों से करें।

5. बाजार मध्यस्थियों को कोई ओदश जारी करने से पहले कंपनी, उसके प्रबंधन, फंडामेंटल्स और उनके द्वारा की गई हालिया घोषणाओं, विभिन्न नियमों के तहत किए गए विभिन्न खुलासों की जांच परख कर लें। जानकारी के स्रोत हैं: एक्सचेंज एवं कंपनियों के वेबसाइट और व्यावसायिक पत्रिकाएं आदि।

6. कारोबार निवेश नीतियां अपनाते समय जोखिम उठाने की अपनी क्षमता का ख्याल रखें क्योंकि सभी निवेशों में जोखिम रहती है। उसकी मात्रा अलग-अलग होती है जो अपनाई गई निवेश नीति पर निर्भर करती है।

7. किसी भी मध्यस्थी का ग्राहक बनने से पूर्व सावधानी बरतें। इसके अलावा निवेशकों से अनुरोध किया जाता है कि वह 'रिस्क डिस्क्लोजर डाक्यूमेंट' यानी जोखिम का खुलासा करने वाला दस्तावेज ध्यान से पढ़ें, जो

शेयर बाजार में ब्रोकर के जरिए कारोबार करने वाले निवेशकों की आधारभूत आवश्यकताओं का एक हिस्सा है।

8. उन शेयरों के प्रति सावधानी भरा रुख अपनाएं, जिनकी कीमत या कारोबार में अचानक उछाल आ जाए, खासकर कम कीमत वाले स्टॉक के प्रति।

9. कृपया यह जान लें कि शेयर बाजार में निवेश पर कोई गारंटीशुदा रिटर्न (प्रतिफल) नहीं होता।

क्या न करें?

1. गैर पंजीकृत ब्रोकर, सब ब्रोकर, बिचौलिए से कारोबार न करें।

2. 'अफवाहों', जिन्हें आम तौर पर 'टिप्स' कहा जाता है, के आधार पर कारोबार न करें।

3. गारंटीशुदा रिटर्न के वायदों के बहकावे में न आएं।

4. सरकारी संस्थाओं से मंजूरी पंजीकरण दर्शाने वाली कंपनियों द्वारा गुमराह न हों क्योंकि मंजूरियां अन्य उद्देश्यों के लिए हो सकती हैं, उन प्रतिभूतियों के लिए नहीं जो आप खरीद रहे हैं।

5. किसी मध्यस्थी के हाथ में अपने डीमैट कारोबार की रसीद बुक न दें।

6. प्रिंट एवं इलैक्ट्रॉनिक मीडिया में कंपनियों के वित्तीय प्रदर्शन के बारे में विज्ञापन बाजी के बहकावे में न आएं।

7. कार्पोरेट गतिविधियों पर मीडिया की खबरों पर आंखें मूंदकर विश्वास न करें, क्योंकि वह गुमराह करने वाली भी हो सकती हैं।

8. निवेश का फैसला लेते समय आंखें मूंदकर उन अन्य निवेशकों की नकल न करें, जिन्होंने अपने निवेश से मुनाफा कमाया हो।

क्या शेयर के बदले ऋण लिया जा सकता है?

जब पूंजी की लागत की तुलना में ज्यादा मुनाफा मिले तो उसे अच्छा कारोबार माना जाता है।

अगर आप निवेश के मामले में भी इस तर्क का इस्तेमाल करेंगे तो एक कुशल निवेशक उसे माना जाएगा जो ऋण लेकर शेयर में निवेश कर ब्याज की तुलना में अधिकतम मुनाफा हासिल कर ले।

संक्षेप में इसे निवेश के लिए अपने शेयरों को बंधक रखना कहा जा सकता है। यह जोखिम पूर्ण है। लेकिन शेयर के कारोबार से जुड़े हर पहलू में जोखिम होता है। तर्क इस तरह दिया जाता है-अगर आपके पास रिलायंस के 1000 शेयर हैं तो मौजूदा बाजार मूल्य के हिसाब से आपके पास 360,000 रुपए की पूंजी है।

अगर आप इन शेयरों के बदले किसी बैंक से ऋण मांगते हैं तो 10-12 फीसदी ब्याज की दर से आपको 210,000 रुपए मिल सकते हैं। अगर आपको लगता है कि इस रकम को किसी शेयर में निवेश कर पूंजी पर मिलने वाले लाभ और ऋण के बदले दिए जा रहे ब्याज की तुलना में ज्यादा मुनाफा कमा सकते हैं तो फिर इस तरह का कदम उठाना गलत नहीं कहलाएगा।

इसके साथ खतरा यह जुड़ा है कि आपका अनुमान गलत भी हो सकता है, वैसी स्थिति में ब्याज आपके लिए बोझ बन सकता है और अगर कहीं रिलायंस का वैल्यू घट गया तो और भी शेयर आपको बैंक के पास जमा करने पड़ सकते हैं।

कर्ज लेकर निवेश करके सफलता हासिल करने के दो सूत्र हैं-जब बाजार चढ़ाव पर हो तब कर्ज लेना और सही शेयर में निवेश करना।

शेयर बाजार के कई विशेषज्ञ ऋण लेकर शेयर बाजार में निवेश करने के कदम को गलत मानते हैं, उनका मानना है कि अगर निवेशक का अनुमान गलत साबित हुआ तो उसे दोहरे नुकसान का सामना करना पड़ता है। ऋण लेकर शेयर में निवेश करते वक्त मुनाफे की संभावना अनिश्चित रहती है,

जबकि निवेशक के ऊपर ऋण का दबाव निश्चित तौर पर बना रहता है।

शेयर सलाहकारों का मानना है कि ऋण लेकर शेयरों में निवेश करने की जगह निवेशकों को विकल्प के तौर पर डेरिवेटिव्स मार्केट में निवेश करना चाहिए। इस तरह जोखिम उठाए बिना निवेशक बेहतर नतीजे की उम्मीद कर सकता है।

जो निवेशक जोखिम उठाने के लिए तैयार हैं और जो ऋण लेकर निवेश करके अधिक मुनाफा कमाना चाहते हैं उनके लिए यहां कुछ टिप्स दिए जा रहे हैं, जो निर्णय लेने में मददगार साबित हो सकते हैं।

ऋण कैसे प्राप्त करें

ज्यादातर बैंक शेयर, म्यूचुअल फंड और आर.बी.आई. रिलीफ बांड के बदले ऋण देते हैं। बैंक एक शेयर से लेकर शेयरों का पोर्टफोलियो तक स्वीकार करते हैं।

एक शेयर के बदले ऋण देते समय बैंक अपनी शर्तों पर निर्णय लेते हैं, बैंक निफ्टी इंडेक्स में शामिल शेयरों के बदले आसानी से ऋण देते हैं।

निफ्टी से बाहर के शेयर के बदले ऋण देते समय बैंक सावधानी बरतते हैं। शेयर की लिक्विडिटी, इंपेक्ट कॉस्ट और संबंधित कंपनी के कारोबार की विश्वसनीयता के आधार पर बैंक तय करते हैं कि ऋण किस प्रकार दिए जा सकते हैं।

इस मामले में प्रत्येक बैंक की अपनी अलग-अलग नीति है। आई.डी.बी.आई. कम से कम दो सिक्यूरिटीज की मांग करता है, वहीं एच.एस.बी.सी. और आई.सी.आई.सी.आई. बैंक कम से कम चार सिक्यूरिटीज की मांग करते हैं।

म्यूचुअल फंड की यूनिटों के बदले भी बैंक ऋण देने लगे हैं, पर इसके लिए नियम काफी सख्त हैं। शेयर के कुल मूल्य का 60 प्रतिशत तक बैंक ऋण के रूप में देते हैं। म्यूचुअल फंड के मामले में कुल मूल्य का 50 प्रतिशत तक ऋण के रूप में देते हैं।

बैंकों ने दूसरे प्रोडक्टों की तरह शेयर के मामले में भी ऋण की निम्नतम और अधिकतम राशि निर्धारित कर रखी है। आई.डी.बी.आई. बैंक न्यूनतम 50,000 रुपए से लेकर अधिकतम 20 लाख रुपए तक ऋण देता है।

जब कई शेयर होल्डर समूह में शेयरों के बदले ऋण लेना चाहते हैं, वैसी स्थिति में बैंक ऋण की अधिकतम सीमा बढ़ा सकता है।

अन्य ऋणों की तुलना में शेयर के बदले ऋण कैसे भिन्न हैं?

सबसे बड़ी भिन्नता यही है कि बंधक रखे गए शेयरों के भाव में उतार–चढ़ाव आता रहता है। प्रतिदिन वैल्यू में अंतर आने से आपके ऋण की सीमा में भी बदलाव आता रहता है। दूसरी भिन्नता यह है कि बैंक में बंधक रखे गए शेयर के मूल्य की तुलना में आपकी कार्यक्षमता कम मायने रखती है।

जब आपको बैंक शेयर के बदले ऋण देता है और बैंक में जमा शेयरों का भाव गिर जाता है तो तब तक कोई फर्क नहीं पड़ेगा जब तक आप नियमित रूप से ब्याज अदा करते रहेंगे।

म्यूचुअल फंड यानी कम जोखिम

बड़े-बुजुर्गों की कुछ सलाह ऐसी होती है जिनका असर जीवन भर बना रहता है। कई लोगों को याद होगा कि जब वे बचपन में अपने परिवार के साथ यात्रा पर निकलते थे तो जिस तरह दादी मां पैसे को एक जगह न रखकर थोड़े-थोड़े पैसे अलग-अलग जगहों पर रखने की नसीहत देती थी। कुछ पैसे दादी मां अपने बटुए में रखती थीं, कुछ पैसे बैग में रखती थीं और कुछ पैसे बहू के पर्स में रख देती थीं। दादी मां बताती थीं कि अगर सफर में कहीं पैसे गुम हो गए या पैसों की चोरी हो गई तो दूसरे स्थान पर रखे गए पैसे काम आएंगे। अगर सारे पैसे एक ही जगह रखे जाएंगे तो गुम होने या चोरी होने की स्थिति में पास में एक भी पैसा बचा नहीं रह जाएगा।

यही वह सिद्धांत है जिसे इंजीनियरिंग की भाषा में 'सेफ्टी फैक्टर' कहा जाता है और अर्थनीति की भाषा में 'बैलेंस्ड पोर्टफोलियो' कहा जाता है।

म्यूचुअल फंड के साथ भी यही सिद्धांत अन्तर्निहित होता है जहां तक शेयर में निवेश करने की जगह शेयरों के पोर्टफोलियो में निवेश किया जाता है, जिससे जोखिम कम से कम हो और अधिक से अधिक रिटर्न मिल सके।

दो शेयरों के उदाहरण से इस बात को समझने में आसानी हो सकती है। मान लिया जाए कि एक ऐसा शेयर है जिसका शेयर वैल्यू सेंसेक्स के बढ़ने के साथ-साथ बढ़ता है और दूसरा शेयर है जिसका शेयर वैल्यू सेंसेक्स के बढ़ने के साथ-साथ घटता जाता है। पहली वाली स्थिति को 'पोजिटिव कोरेलेशन' कहा जाता है और दूसरी वाली स्थिति को 'निगेटिव कोरेलेशन' कहा जाता है। सेंसेक्स के अनुपात में शेयर के भाव की वृद्धि को मापने के लिए जिस वैल्यू का इस्तेमाल किया जाता है उसे 'बीटा' कहा जाता है। यह कुछ और नहीं एक ग्राफ में खींची गई रेखा का ढलान होता है जहां सेंसेक्स वैल्यू को एक निश्चित अवधि में एक्स-एक्सीस में रखा जाता है और वाई-एक्सीस में शेयर के भाव को रखा जाता है। इस तरह पहले शेयर का पोजिटिव बीटा वैल्यू होगा और दूसरे शेयर का निगेटिव बीटा वैल्यू।

मान लीजिए कि आपने केवल पहले शेयर में यह मानकर निवेश किया कि सेंसेक्स ऊपर चढ़ता जाएगा लेकिन सेंसेक्स चढ़ने की जगह उतरता चला

जाए तो आपको नुकसान होगा। इसी तरह आपने दूसरे शेयर में यह जानकर निवेश किया कि सेंसेक्स नीचे जाएगा, लेकिन सेंसेक्स चढ़ता चला जाए तो आप घाटे में रहेंगे। लेकिन अगर आप दोनों ही शेयरों में निवेश करते हैं। सेंसेक्स इनडेक्स के अनुसार उनकी कीमत के अंतर के अनुपात में, तो भले ही आपको अधिकतम रिटर्न नहीं मिलेगा लेकिन सेंसेक्स की चाल ऊपर की तरफ रहे या नीचे की तरफ, आपको औसत रिटर्न तो जरूर मिलेगा। यही तरीका है जिसे अपनाकर म्यूचुअल फंड अपने पोर्टफोलियो में शेयरों को चुनते हैं। इस तरह वे रिटर्न की संभावना बढ़ाते हैं और जोखिम कम उठाते हैं।

एक निवेशक के रूप में भी इस सिद्धांत को अपनाकर लाभान्वित हुआ जा सकता है और एक शेयर में निवेश करने की जगह दो-तीन शेयरों में समझदारी के साथ निवेश करते हुए जोखिम को कम किया जा सकता है।

सोच समझकर करें म्यूचुअल फंड में निवेश

बाजार में विभिन्न म्यूचुअल फंड की इतनी सारी स्कीमें हैं कि निवेशकों को यह समझ में नहीं आता है कि वे किसमें निवेश करें और किसे छोड़ें? हालांकि कुछ साल पहले तक ऐसी स्थिति नहीं थी। उस समय यू.एस.-64 और यू.टी.आई. मास्टर शेयर ही म्यूचुअल फंड स्कीमें थीं और यू.टी.आई. इन स्कीमों का संचालन करने वाला अकेला म्यूचुअल फंड था। दिसंबर 1987 में एस.बी.आई. म्यूचुअल फंड भी इस दौड़ में शामिल हुआ और इसके बाद नवंबर 1993 में म्यूचुअल फंड के दरवाजे निजी क्षेत्र के लिए खोल दिए गए।

इस समय करीब 30 फंडों द्वारा करीब चार लाख करोड़ रुपए का प्रबंधन किया जा रहा है। जाहिर है कि जहां इतने सारे विकल्प होंगे, वहां निवेशकों का भ्रमित होना लाजिमी है। यदि आप म्यूचुअल फंड में निवेश करना चाहते हैं तो फिर कुछ बातों पर ध्यान दें।

सबसे पहले अपने निवेश के उद्देश्य को तय करें, इससे यह निर्धारित करने में मदद मिलेगी कि आपको किस तरह की स्कीम की जरूरत है। आज म्यूचुअल फंडों के पास हर तरह के निवेशकों की जरूरतों को पूरा करने वाली स्कीमें हैं। इक्विटी और बैलेंस्ड स्कीम से आपको शेयर बाजार में अप्रत्यक्ष रूप से निवेश करने का मौका मिलता है। हालांकि निवेश भले ही एम.एफ. के जरिए हो रहा है, लेकिन शेयर बाजार में हो रहा है, इसलिए इसमें कुछ हद तक जोखिम रहता है। इसलिए आपके पास पड़े फंड और अपनी आयु को देखते हुए इक्विटी निवेश पर फैसला करें।

यदि निवेश योग्य फंड का उपयोग आपको कुछ समय के बाद संपत्ति खरीदने या विवाह आदि में करना है तो फिर जोखिम उठाना खतरनाक हो सकता है। इसी तरह यदि आप इस राशि का उपयोग अपनी सेवानिवृत्ति की जरूरतों को पूरा करने के लिए करना चाहते हैं तो फिर पूरी राशि को शेयर बाजार में निवेश करना वित्तीय खुदकुशी करने जैसा होगा।

बहरहाल, आप इस बात से सहमत होंगे कि प्रत्येक व्यक्ति के निवेश

पोर्टफोलियो में इक्विटी का अपना उद्देश्य, भूमिका और स्थान है। लेकिन परिस्थिति विशेष में इनका महत्त्व भी बदल जाता है।

अपेक्षाकृत स्थिर और निरंतर रिटर्न के लिए ऋण आधारित स्कीमें सबसे अच्छी होती हैं। यह नहीं कहा जा सकता है कि यह स्कीम पूरी तरह से जोखिम रहित होती है और इनके साथ क्रेडिट और ब्याज दर जोखिम जुड़ा होता है। आमतौर पर जब ब्याज दरें बढ़ती हैं तो एन.ए.वी. घट जाता है और जब ब्याज दरें गिरती हैं तो एन.ए.वी. बढ़ जाता है।

लिक्विड फंड द्वारा कमर्शियल पेपर, सर्टिफिकेट ऑफ डिपॉजिट इत्यादि जैसे लिक्विड मार्केट इंस्ट्रूमेंट में निवेश किया जाता है। जाहिर है कि यहां ब्याज दर जोखिम न्यूनतम है। साथ-साथ एन.ए.वी. में उतार-चढ़ाव भी कम रहता है।

यह अल्पावधि के लिए ठीक है और लंबी अवधि के लिए निवेश करना फायदेमंद नहीं होता है। आप अपने अतिरिक्त फंड को इस निवेश विकल्प में कुछ दिनों के लिए निवेश कर सकते हैं।

फ्लोरिंग रेट फंड कुछ समय पूर्व अस्तित्व में आया है। इसकी वजह यह है कि इसके पोर्टफोलियो का 70 से 100 फीसदी हिस्सा ऐसे इंस्ट्रूमेंट में निवेश किया जाता है जिसमें फ्लोरिंग दर पर ब्याज मिलता है।

फिक्स्ड मैच्यूरिटी प्लान (एफ.एम.पी.) सभी फिक्स्ड आय वाले म्यूचुअल फंड इंस्ट्रूमेंट में सबसे लोकप्रिय हैं। यह क्लोज एंड आय वाली स्कीम है और परिपक्वता की तिथि तय होती है। यह अवधि एक माह से दो वर्ष या इससे अधिक हो सकती है। अवधि पूरी होने के बाद स्कीम परिपक्व हो जाती है। एफ.एम.पी. शेयरों में निवेश नहीं करता है। इसके तहत मुख्य रूप से ऋण और मांग मुद्रा बाजार के माध्यमों में निवेश किया जाता है। मौजूदा समय में इसके द्वारा 8.5 से 10 फीसदी तक ब्याज दिया जाता है। निवेशक म्यूचुअल फंडों में बेहतर रिटर्न के लिए ही निवेश करता है।

किसी भी फंड द्वारा दिए जाने वाले रिटर्न की तुलना आप बेंचमार्फ इंडेक्स से करें। उसी तरह जैसा किसी शेयर विशेष में हुई वृद्धि की तुलना सेंसेक्स में हुई बढ़ोतरी से की जाती है। इसके साथ ही आप उसी फंड में निवेश करें जिसके प्रबंधन पर आपको भरोसा है। विविध स्कीमों में निवेश करें लेकिन बहुत ज्यादा स्कीमों में निवेश करना खतरनाक हो सकता है। बेहतर तरीके से तैयार निवेश पोर्टफोलियो हमेशा अच्छा रिटर्न देता है।

म्यूचुअल फंड स्कीम का चयन

कौन से म्यूचुअल फंड को चुनें और कौन सी स्कीम में निवेश करें? यह समस्या कमोबेश हरेक निवेशक के साथ आती है। कुछ समय पूर्व तक निवेशकों के पास इस मामले में बेहद ही कम विकल्प होते थे। यू.एस.-64 और बाद में यू.टी.आई. मास्टर शेयर के नाम से यू.टी.आई. ही म्यूचुअल फंड स्कीमों का सफलतापूर्वक संचालन करने वाला अकेला फंड था। इसके बाद दिसंबर 1987 में एस.बी.आई. म्यूचुअल फंड भी इस दौड़ में शामिल हो गया और नवंबर 1993 में म्यूचुअल फंड उद्योग के दरवाजे निजी क्षेत्र के लिए खोल दिए गए। आज म्यूचुअल फंड का आधार व्यापक हो गया है और 30 से ज्यादा फंडों द्वारा 500 से ज्यादा स्कीमें चलाई जा रही हैं।

किस स्कीम में निवेश करना चाहिए, यह तय करने से पहले यह जरूरी है कि आप अपनी जरूरतों और अपने निवेश के उद्देश्यों को समझें। इसके बाद ही आप यह तय कर पाएंगे कि किस स्कीम में आपको निवेश करना चाहिए। आज म्यूचुअल फंडों द्वारा सभी संभावित निवेशकों की जरूरतों के अनुरूप लचीला निवेश माध्यम उपलब्ध कराए जा रहे हैं। इक्विटी व बैलेंस स्कीमें आपको बगैर शेयर बाजार में प्रवेश किए ही शेयर बाजार के माध्यमों में निवेश करने का अवसर उपलब्ध कराती हैं। हालांकि शेयरों में निवेश जोखिम भरा होता है लेकिन म्यूचुअल फंड के जरिए आप थोड़ा जोखिम उठा सकते हैं। इसलिए अपनी जरूरतों, निवेश योग्य संसाधन और उम्र के अनुसार शेयरों में आपके द्वारा निवेश का फैसला किया जाता है। यदि आपके पास निवेश योग्य संसाधन निर्धारित समय तक के लिए ही उपलब्ध हैं और इसका उपयोग बच्चों की शादी या मकान खरीदने के लिए किया जाना है तो शेयरों में निवेश करना जोखिम भरा हो सकता है। इसी तरह आप रिटायरमेंट के बाद की जरूरतों के लिए पैसे जमा कर रहे हैं तो उन्हें शेयरों में निवेश करना घातक हो सकता है। बहरहाल, इस बात से सभी सहमत हैं कि शेयरों का सभी के निवेश पोर्टफोलियो में एक अलग उद्देश्य, भूमिका और स्थान है। लेकिन परिस्थितियों के अनुसार इसकी प्रकृति अलग-अलग हो सकती है।

ऋण आधारित स्कीमें

मामूली लेकिन निरंतर रिटर्न की चाह रखने वालों के लिए ऋण आधारित स्कीमों का अलग महत्त्व होता है। हालांकि ऐसा नहीं कहा जा सकता है कि ये स्कीमें पूरी तरह से जोखिम रहित हैं। इनमें भी क्रेडिट जोखिम व ब्याज दर जोखिम होता है। सामान्य तौर पर जब ब्याज दरों में इजाफा होता है तो एन.ए.वी. में गिरावट आती है और जब ब्याज दरों में गिरावट आती है तो एन.ए.वी. में वृद्धि होती है।

लिक्विड फंड

इन फंडों के पोर्टफोलियो का एक बड़ा हिस्सा लिक्विड मनी मार्केट इंस्ट्रूमेंट जैसे वाणिज्यिक प्रपत्रों, सर्टिफिकेट ऑफ डिपॉजिट इत्यादि में निवेश किया जाता है। इसलिए इससे संबंधित बांड अल्प अवधि के होते हैं। जाहिर है इसमें ब्याज दर जोखिम न्यूनतम होता है। इसके साथ-साथ एन.ए.वी. में उतार-चढ़ाव कम होता है और इसी तरह रिटर्न भी कम होता है। इस तरह का निवेश किसी भी मायने में लंबी अवधि के लिए नहीं होता है। इसलिए बेहतर यह होगा कि स्पष्ट तस्वीर सामने न आने तक अपने निवेश योग्य अधिशेष को ऐसे अल्पावधि वाले फंडों में निवेश करें।

फ्लोरिंग रेट फंड

यह निवेश का अपेक्षाकृत नया माध्यम है। फ्लोटिंग रेट फंड में ब्याज दर जोखिम न्यूनतम होता है। इसका कारण यह है कि इस फंड के पोर्टफोलियो का 70 से 100 फीसदी हिस्सा ऐसे माध्यमों में निवेश किया जाता है जिनमें फ्लोटिंग ब्याज दर होती है।

मंथली इनकम प्लान (एम.आई.पी.)

एम.आई.पी. और कुछ नहीं बल्कि ऐसी स्कीम है जिसके एक हिस्से (15 से 25 फीसदी) को शेयरों में और शेष को ऋण बाजार में निवेश किया जाता है। इस स्कीम की सबसे बड़ी खासियत यह है कि एक ही माध्यम में संपूर्ण निवेश नहीं किए जाने के चलते लाभ-हानि का संतुलन बना रहता है। जिससे एन.ए.वी. में गिरावट का खतरा नहीं रहता है। लेकिन इसके साथ ही यह ध्यान देने की बात है कि यदि शेयर बाजार में कुछ समय तक गिरावट का रुख बना

रहता है और ऋण बाजार में तेजी नहीं आती है तो अल्पावधि में नुकसान हो सकता है।

म्यूचुअल फंड स्कीमों में निवेश से पहले कुछ बातों पर ध्यान रखना जरूरी है। आप केवल उन्हीं फंडों में निवेश करें जिसके प्रबंधन पर आपको भरोसा है। हालांकि भिन्न प्रकार की स्कीमों में निवेश करना महत्त्वपूर्ण है, लेकिन ऐसा न हो कि आप कई स्कीमों में निवेश कर दें। बाजार की परिस्थितियों के अनुसार एक स्कीम से दूसरी में शिफ्ट हों और स्कीम से बाहर निकलें। लेकिन यदि आपने कई स्कीमों में निवेश कर रखा है तो ऐसा करने में दिक्कतों का सामना करना पड़ सकता है। अपने निवेश से लाभ पाने के लिए धैर्य रखें और अपनी रुचि के अनुसार ही निवेश करें।

जांच-परखकर करें शेयरों में निवेश

आपको किसी कंपनी के शेयरों में निवेश करना है तो सिर्फ कंपनी के आंकड़ों पर मत जाइए। यह आंकड़े कई प्रकार की अंतर्निहित तरकीबों के जरिए काफी आकर्षक बनाए जा सकते हैं। हालांकि ऐसा हमेशा नहीं होता लेकिन अतिरिक्त सावधानी बरतने से आपके लिए नुकसान की आशंका कम हो जाती है। आपको कंपनी के प्रदर्शन संबंधी आंकड़ों के साथ उसके प्रबंधन और कारपोरेट गवर्नेंस के पहलुओं पर गंभीरतापूर्वक विचार कर फैसला करना चाहिए क्योंकि मौजूदा उदार आर्थिक माहौल पर इन्हीं बिंदुओं पर कंपनी का भविष्य निर्भर करेगा। फिलहाल कार्पोरेट गवर्नेंस की रेटिंग औपचारिक रूप से शुरु नहीं हो सकी है, इसलिए इस मुद्दे पर फैसला आपको अपने विवेक से ही करना होगा।

एक निवेशकर्ता के रूप में आपके लिए यह बहुत आवश्यक है कि आप जहां भी निवेश करें पूरी तरह से सुरक्षित हों और उसमें अन्य निवेशकर्ताओं का विश्वास होना चाहिए।

आज बाजार में ऐसी कई कंपनियां हैं जिनके अस्तित्व का निकट भविष्य में कोई ठिकाना नहीं रहेगा। इसलिए अपनी पूंजी का सही जगह उपयोग करने के लिए एक निवेशकर्ता हमेशा दुविधा में रहता है कि यह निवेश के लिए सही कंपनी का चयन कैसे करे।

निवेश के भविष्य के लिए यह बहुत जरूरी है कि उसे निवेश करने वाले को कोई भी कदम उठाने से पहले अपने सामने उपलब्ध विभिन्न विकल्पों को अच्छी तरह परख लेना चाहिए। निवेशकर्ताओं को अपनी ओर खींचने के लिए कंपनियां अपने आंकड़ों को आकर्षक बना सकती हैं। इसलिए यह बहुत जरूरी है कि निवेशक केवल आंकड़ों से प्रभावित न होकर कंपनी के प्रबंधन, दूर-दृष्टि और दूसरी योजनाओं पर नजर रखते हुए निवेश करें।

अगर आप किसी टूटते हुए प्रबंधन को अपना पैसा सौंपेंगे तो उसके डूबने का डर आपको हमेशा लगा रहेगा। इसके साथ-साथ अगर आपको लगता है कि कंपनी में कोई घपला हुआ है या होने की आशंका है तो अपना निवेश वापस लेने में ही अक्लमंदी है। कंपनी और निवेशक के बीच विश्वास की

कमी से निवेश के डूबने का खतरा बना रहता है। इसके अलावा कंपनी की सालाना रिपोर्ट और उसके निदेशकों के बारे में भी जानकारी रखना जरूरी है। यह दोनों चीजें कंपनी की प्रतिष्ठा और उसके प्रदर्शन से जुड़ी होती हैं। अगर उस रिपोर्ट या निदेशकों में कोई त्रुटि या विवाद नजर आए तो यह कंपनी के निवेशक के लिए नुकसान का सौदा हो सकता है। इसीलिए निवेशक को निवेश करने से पहले कंपनी के प्रबंधन, प्रतिष्ठा या उसमें किसी तरह के विवाद का सूक्ष्म-निरीक्षण करना चाहिए।

ऊंचे एन.ए.वी. पर म्यूचुअल फंड की खरीद फायदेमंद

म्यूचुअल फंड निवेश का ऐसा माध्यम है जिसके बारे में निवेशकों के बीच उलझन रही है। निवेशक ऊंचे नेट एसेट वैल्यू (एन.ए.वी.) वाली स्कीमों के बजाए सम मूल्य (एट पार) वाली स्कीमों को ज्यादा पसंद करते हैं। निवेशक ऊंचे एन.ए.वी. वाली स्कीमों को महंगी समझते हैं। इसके चलते म्यूचुअल फंड कंपनियों को आई.पी.ओ. मूल्य पर नई स्कीमें लानी पड़ती हैं। लेकिन सच्चाई यह नहीं है। 10 रुपए का एन.ए.वी. का तात्पर्य यह नहीं है कि म्यूचुअल फंड स्कीम सस्ती है। इसी तरह ऊंचे एन.ए.वी. वाली स्कीम जरूरी नहीं कि महंगी ही हो। अन्य चीजों के समान रहने पर क्षमता के प्रदर्शन के चलते ऊंचे एन.ए.वी. वाली स्कीम को निवेश का बेहतर जरिया माना जा सकता है।

फीसदी का अंतर मानक है

आप इस बात से सहमत होंगे कि रिटर्न भविष्य की उम्मीदों पर आधारित होता है। भूत में किसी तरह का बदलाव संभव नही है, इसलिए सर्वाधिक महत्त्वपूर्ण है–भविष्य। फंड मैनेजरों की योग्यता समान मान लें तो एन.ए.वी. में फीसदी अंतर एक समान होना चाहिए। यदि पोर्टफोलियो के बाजार मूल्य में 50 फीसदी की बढ़ोतरी होती है तो 10 रुपए के एन.ए.वी. की कीमत 15 रुपए व 40 रुपए एन.ए.वी. की कीमत 60 रुपए हो जाएगी। संख्या की जगह फीसदी में होने वाले परिवर्तन पर ध्यान देना चाहिए।

यहां हम दो स्कीमों के बीच तुलना करते हैं। पहली स्कीम सम मूल्य वाली है जिसमें एन.ए.वी. 10 रुपए है। दूसरी स्कीम ऊंचे एन.ए.वी. वाली है जिसका एन.ए.वी. 50 रुपए है। मान लीजिए एक वर्ष में दोनों स्कीमों का प्रदर्शन समान रहता है व दोनों समान दर से बढ़ती हैं। मान लीजिए आप 10 लाख रुपए का निवेश करना चाहते हैं। आप पहली स्कीम का चुनाव करेंगे या दूसरी का! ध्यान देने पर आप पाएंगे कि किसी भी स्कीम में निवेश पर समान लाभ प्राप्त होता है। इसकी वजह यह है कि दोनों स्कीमों में फीसदी के मामले

में एक समान दर से वृद्धि होती है। एक स्कीम का एन.ए.वी. सम मूल्य पर है जबकि दूसरे का एन.ए.वी. पांच गुना अधिक है।

वस्तुत: पहले से मौजूद स्कीम का एक फायदा यह है कि उसके साथ प्रदर्शित क्षमता जुड़ी होती है। यद्यपि सभी एम.एफ. स्कीमों के ऑफर डॉक्यूमेंट में वैधानिक चेतावनी दी गई होती है कि अब तक का प्रदर्शन भविष्य में होने वाले रिटर्न की गारंटी नहीं है। लेकिन कुशल निवेशक इस बात को भली-भांति जानते हैं कि वित्तीय बाजार में इतिहास को नजरअंदाज करना आत्महत्या करने के समान होता है।

उच्च एन.ए.वी. सीमा नहीं है

ऊंचे एन.ए.वी. वाली स्कीमों के बारे में लोग समझते हैं कि स्कीम अपने उच्चतम स्तर पर पहुंच चुकी है। इससे तो यह निष्कर्ष निकाला जा सकता है कि सम मूल्य से कम कीमत वाली स्कीमों का बेहतर प्रदर्शन अभी होना है और यह इसके खरीदारी योग्य होने का संकेत करता है, लेकिन सच्चाई यह नहीं है। ऊंचे एन.ए.वी. वाली स्कीमों के साथ यह चिंता जुड़ी होती है कि ऐसी स्कीमों के पोर्टफोलियो में जो स्टॉक होते हैं उनके ऊपर जाने की गुंजाइश सीमित होती है। वास्तविकता यह है कि एम.एफ. पोर्टफोलियो गतिशील प्रवृति के होते हैं। समय और स्थिति के अनुसार पोर्टफोलियो से संबंधित निर्णय लिए जाते हैं। एम.एफ. स्कीमों का तिमाही प्रदर्शन देखने पर इस बात की पुष्टि हो जाती है।

आंकड़ों के आधार पर निर्णय

सेबी द्वारा काम-काज में पारदर्शिता लाने पर जोर देने की वजह से अधिकतर एम.एफ. स्कीमें अपने निवेशकों को तिमाही रिपोर्ट भेजती हैं। कुछ तो अपने निवेशकों को मासिक रिपोर्ट भी भेजती हैं। इससे निवेशकों को मौजूदा पोर्टफोलियो के आधार पर स्कीम के भविष्य के बारे में निर्णय लेने में सहायता मिलती है। आप स्कीम से निकलने के बारे में भी निर्णय ले सकते हैं। आंकड़ों के आधार पर निर्णय की सुविधा मौजूदा स्कीमों पर ही संभव है। सम मूल्य स्कीमों के मामले में आंकड़ों का लाभ नहीं उठाया जा सकता है।

एम.एफ. स्कीमों से अधिकतम लाभ सुनिश्चित करने के लिए जरूरी है कि आप छोटी-छोटी गलतियां करने से बचें। एम.एफ., आई.पी.ओ. खासकर डाइवर्सिफाइड इक्विटी स्कीमों के आई.पी.ओ. नई बोतल में पुरानी शराब के

समान हैं। नए नाम से स्कीम के प्रदर्शन का कोई संबंध नहीं होता है। एम.एफ. स्कीमों से अधिकतम लाभ अर्जित करने के लिए आपको पिछले तीन से पांच वर्षों में निरंतर रिटर्न देने वाली विभिन्न स्कीमों से उचित स्कीम का चुनाव करना बेहतर होगा। म्यूचुअल फंड के मामले में भी यह कहावत सही प्रतीत होती है कि ओल्ड इज गोल्ड।

इक्विटी में निवेश का उत्तम माध्यम है एस.आई.पी.

शेयरों में निवेश के इच्छुक लोगों के लिए सबसे बड़ा सवाल यह है कि शेयर बाजार में प्रवेश का उचित समय क्या है। सूचकांक की गिरावट की स्थिति में यह महसूस होता है कि यह नीचे स्तर पर है व इसमें और कभी आ सकती है। सूचकांक के अच्छे स्तर पर होने व शेयरों में मजबूती के समय ऐसा लगता है कि मजबूती लंबे समय तक बनी नहीं रह सकती है। किसी को पता नही कि तेजी का दौर कब समाप्त होगा और बाजार में गिरावट शुरु हो जाएगी। ऐसे सवालों के चलते कोई ऐसा समय दिखाई नहीं देता जिसे निवेश के लिए अनुकूल माना जाए।

सामान्य तौर पर यह देखा गया है कि निवेशक मंदी के बजाए बजार में तेजी के दौरान प्रवेश करना पसंद करते हैं। जब शेयरों के मूल्य में मजबूती आ रही होती है तो निवेश करना अच्छा माना जाता है। लेकिन इसके पीछे कोई ठोस तर्क नहीं है। वास्तविकता यह है कि निवेश के उचित समय को लेकर कोई तय नियम नहीं है व कोई ऐसा सिद्धांत नहीं है जिसकी सफलता की गारंटी हो। किसी भी समय निवेश करने के कई ऐसे मानक हैं जिन पर ध्यान रखना जरूरी होता है। कई ऐसे मौके आते हैं जब निवेशक निचले स्तर पर खरीदारी करने में ऊंचे स्तर पर बिकवाली में सफल हो जाता है। लेकिन ऐसा संयोगवश होता है, इसमें निवेशक की कुशलता का ज्यादा योगदान नहीं होता है।

इसका मतलब यह नहीं लगाया जाना चाहिए कि समस्या का कोई हल नहीं है व निवेश संयोग पर निर्भर करता है। आप इक्विटी आधारित स्कीमों में निवेश करना चाहते हैं, इसका मतलब यह है कि आप इस तथ्य से पूरी तरह से परिचित हैं कि दीर्घकाल में रिटर्न के मामले में इक्विटी ने अन्य निवेश माध्यमों को पीछे छोड़ दिया है। इसलिए क्यों न निरंतर आधार पर व व्यवस्थित रूप से निवेश करें और शेयर बाजार के सूचकांक पर ज्यादा ध्यान नहीं दें। सूचकांक के स्तर पर ध्यान दिए बगैर निरंतर निवेश करने को 'रूपी कॉस्ट

एवरेजिंग' कहा जाता है।

सिस्टमेटिक इंवेस्टमेंट प्लान (एस.आई.पी.)

म्यूचुअल फंड के मामले में रूपी कॉस्ट एवरेजिंग की रणनीति को सिस्टमेटिक इंवेस्टमेंट प्लान (एस.आई.पी.) के जरिए व्यवहार में लाया जाता है। हालांकि म्यूचुअल फंड की सभी तरह की स्कीमों पर एस.आई.पी. उपलब्ध है, लेकिन इक्विटी स्कीमों के मामले में यह अधिक प्रभावकारी है। एस.आई.पी. के जरिए गिरावट की स्थिति में आपको ज्यादा यूनिटें खरीदने व तेजी की स्थिति में आपको कम यूनिटें खरीदने का मौका मिलता है। इस तरह से आप औसत खरीद कीमत पर निवेश करते हैं।

एस.आई.पी. की कार्य प्रणाली

सामान्यत: निवेशक किसी स्कीम के चल रहे एन.ए.वी. पर एकमुश्त राशि का निवेश करता है। पूरा निवेश एक ही बार में करना होता है। हालांकि एस.आई.पी. के मामले में निवेशक को पूर्व निर्धारित राशि का निवेश एक निश्चित समयांतराल पर करना होता है।

रूपी कॉस्ट एवरेजिंग के तहत निवेशक को कीमतें कम होने के दौरान स्वत: ज्यादा यूनिटें व ऊंची कीमतों के दौरान कम यूनिटें खरीदने का मौका मिलता है। एन.ए.वी. का स्तर कुछ भी हो, प्रत्येक माह एक निश्चित राशि का निवेश किया जाता है। कभी कम तो कभी ज्यादा यूनिटें आवंटित की जाती है। अगर निवेशक गिरावट की स्थिति में निवेश बढ़ा देता है तो रूपी कॉस्ट एवरेजिंग की रणनीति और कारगर साबित हो सकती है। इससे औसत लागत में कमी आएगी, जिससे रिटर्न में बढ़ोत्तरी होगी।

अधिकतर म्यूचुअल फंड 500 रुपये के निवेश से एस.आई.पी. में निवेश की सुविधा देते हैं। इससे छोटे निवेशकों के लिए निवेश करना आसान हो जाता है। स्कीम लेने से पहले निवेशक को यह तय करना पड़ता है कि उसकी निवेश राशि क्या होगी या समयांतराल (जैसे मासिक या तिमाही) क्या होगा? यह तय होने पर निवेशक म्यूचुअल फंड को पोस्ट डेटेड चेक सौंप देता है। मासिक आधार पर निवेश का विकल्प ज्यादा कारगर है, क्योंकि यह तिमाही निवेश की तुलना में बाजार के उतार-चढ़ाव से फायदा उठाने का तीन गुना मौका देता है। एस.आई.पी. में कोई लॉक-इन पीरियड नहीं होता है। आप किसी भी समय एस.आई.पी. को स्थगित कर सकते हैं। म्यूचुअल फंड के द्वारा आपके बाकी

बचे चेक वापस कर दिए जाएंगें एस.आई.पी. स्कीम के लिए म्यूचुअल फंड कोई इंट्री लोड नहीं लेते हैं। इस बात का ध्यान रखें कि एस.आई.पी. दीर्घकालीन निवेशकों के लिए ज्यादा अनुकूल है। वेतन से आय प्राप्त करने वाले लोगों के लिए भी एस.आई.पी. लाभप्रद साबित हो सकता है। शेयर बाजार में निवेश के इच्छुक लोगों के लिए जो बाजार की बारीकियों की समझ नहीं रखते हैं, एस. आई.पी. अच्छा विकल्प साबित हो सकता है।

कैसे करें म्यूचुअल फंड योजना का चयन

म्यूचुअल फंड में निवेश अपेक्षाकृत जोखिम रहित माना जाता है। इसके बावजूद इसमें घाटे की संभावना से इनकार नहीं किया जा सकता। यदि आपने म्यूचुअल फंड योजना का चयन केवल इस आधार पर किया है कि उसका शुद्ध परिसंपत्ति मूल्य (ए.एन.वी.) अंकित मूल्य से कम है, तो आप गलती कर रहे हैं। संभव है उस योजना के पोर्टफोलियो में शामिल कंपनियों की वजह से आपका निवेश फायदेमंद साबित न हो। कुछ म्यूचुअल फंड अपनी योजनाएं ऐसे वक्त लांच करते हैं जब बाजार शिखर पर होता है। ऐसे समय में योजना का एक यूनिट फेस वैल्यू पर बिक रहा होता है। योजना तो अच्छी हो सकती है पर बाजार के नीचे जाते ही योजना का एन.ए.वी. लुढ़क जाता है और आप अफसोस करने लगते हैं।

म्यूचुअल फंड के नुकसानदेह चक्रव्यूह से बच निकलने के कुछ ठोस उपाय इस प्रकार हैं:

जिस योजना में निवेश से नुकसान हो रहा है उसमें और अधिक निवेश करें

आपने म्यूचुअल फंड की किसी योजना में निवेश किया और उसका एन.ए.वी. घट गया। कॉस्ट एवरेजिंग मैथड से घाटा कम करने और लाभ कमाने के लिए आपको उसी योजना में फिर से निवेश करना चाहिए। एक उदाहरण लीजिए। मान लीजिए आपने यू.टी.आई. के लार्ज कैप फंड की यूनिटों में 10 हजार रुपए का निवेश किया है। निवेश करते वक्त फंड का एन.ए.वी. 10 रुपए था जो बाद में घटकर 8 रुपए रह गया। विशेषज्ञों के अनुसार आपको 8 रुपए के हिसाब से 10 हजार रुपए (जितना अधिक हो सके) का निवेश उसी स्कीम में दोबारा करना चाहिए। ऐसा करने से आपके द्वारा खरीदी गई यूनिट का औसत मूल्य होगा 8.88 रुपए। अब यदि स्कीम का एन.ए.वी. बढ़कर 9 रुपए भी हो गया तो आप फायदे में रहेंगे।

बाजार के रुख को ध्यान में रखते हुए दूसरी योजना में स्विचओवर करें

अर्थव्यवस्था को देखते हुए म्यूचुअल फंड की विभिन्न योजनाओं के आकर्षण में उतार-चढ़ाव आता रहता है। यदि आपके द्वारा निवेश की गई योजना का एन.ए.वी. नहीं बढ़ रहा है तो आप किसी दूसरी योजना में स्विच ओवर कर सकते हैं। इसके लिए विशेषज्ञों की सलाह लें।

मान लीजिए, आपने आई.जी.आई.जी.आई. के टेक्नोलॉजी फंड में निवेश किया था और उसका एन.ए.वी. बढ़ने का नाम नहीं ले रहा है। आप चाहें तो बाजार के रुख को ध्यान में रखते हुए आई.जी.आई.जी.आई. की ही दूसरी योजना एफ.एम.जी.जी. फंड में स्विचओवर कर सकते हैं। स्विचओवर में सबसे बड़ा फायदा यह है कि आपको योजना से निकलते वक्त एक्जिट लोड नहीं देना पड़ता है।

स्विच ओवर करते वक्त अपने रिस्क प्रोफाइल और जरूरतों को नजरअंदाज न करें। उदाहरण के लिए, गवर्नमेंट सिक्योरिटी फंड से पेट्रो फंड में स्विचओवर आपके रिस्क प्रोफाइल के विपरीत हो सकता है। क्योंकि जी-सेक फंड में रिस्क न के बराबर है जबकि पेट्रो फंड हाई रिस्क फंड है।

लाभांश के लालच में निवेश से बचें

आमतौर पर म्यूचुअल फंड संस्थान किसी योजना के निवेशकों के लिए लाभांश की घोषणा करते वक्त एक कट ऑफ डेट तय करता है और कट ऑफ डेट तक निवेश करनेवाले सभी निवेशकों को लाभांश प्रदान करता है। म्यूचुअल फंड के चक्रव्यूह में फंसने का यह सुनहरा फंदा है। लाभांश के लालच में न फंसें। निवेश करने से पहले फंड का पोर्टफोलियो जरूर जांच परख लें।

इक्विटी आधारित स्कीमों में निवेश लाभप्रद

ब्याज दरों व फिक्स्ड इनकम इंस्ट्रूमेंट की कीमतों में विपरीत संबंध होता है। अर्थव्यवस्था में जब सामान्य रूप से ब्याज दरों में बढ़ोतरी होती है तो निश्चित आय अर्जित करने वाले इंस्ट्रूमेंट की कीमतों में कमी आती है और ब्याज दरों में कमी की स्थिति में इंस्ट्रूमेंट की कीमतें बढ़ती हैं। बाजार में चल रही दरों के अनुसार पोर्टफोलियो को समायोजित करने को मार्क टू मार्केट कहा जाता है।

उदाहरण के लिए मान लीजिए कि म्यूचुअल फंड का वर्तमान एन.ए.वी. 10 रुपए है और कुल फंड 1000 करोड़ रुपए है। इसका अर्थ यह है कि यदि फंड स्कीम की पूरी संपत्ति बेच देता है व राशि समान रूप से यूनिट होल्डरों में वितरित कर देता है तो उन्हें प्रति यूनिट के हिसाब से 10 रुपए मिलेंगे। अब मान लीजिए ब्याज दर 6 से गिरकर 5.4 फीसदी पर आ जाती है। आप शीघ्रता से स्कीम में एक लाख रुपए निवेश करना चाहेंगे। मान लीजिए फंड की कुल राशि 6 फीसदी की औसत दर से निवेश की गई है। यदि फंड 10 रुपए के वर्तमान एन.ए.वी. पर यूनिट बेचता है तो आपको 10,000 यूनिट आवंटित किए जाएंगे। इससे आपको बहुत अधिक फायदा होगा। 6 फीसदी की ऊंची दर से लाभ में आपकी हिस्सेदारी होगी, हालांकि फंड को आपके एक लाख रुपए के निवेश को 5.4 फीसदी की कम दर पर ही निवेश करने के लिए बाध्य होना पड़ेगा। इस प्रकार जब ब्याज दर में कमी होती है एन.ए.वी. बढ़ जाता है व ब्याज दर में बढ़ोतरी की स्थिति में एन.ए.वी. घट जाता है।

वैकल्पिक निवेश माध्यम

म्यूचुअल फंड स्कीमों में इक्विटी-आधारित फंडों में निवेश करना बेहतर है। इसके निम्नलिखित कारण हैं:

1. निवेशक को प्राप्त लाभांश पर कर नहीं।
2. एम.एफ. स्कीमों द्वारा डिविडेंड डिस्ट्रीब्यूशन कर का भुगतान जरूरी

नहीं।

3. दीर्घकालीन पूंजीगत लाभ कर से छूट।

4. दस फीसदी की रियायती दर पर अल्पकालीन पूंजीगत लाभ कर।

इक्विटी आधारित फंडों की एकमात्र कमी है इसके साथ जोखिम का होना। इक्विटी आधारित स्कीमों के भविष्य का बाजार से करीबी रिश्ता होता है। बाजार की दरों के अनुसार इनकी दरों में परिवर्तन होता है। इनके जरिए अच्छा लाभ कमाया जा सकता है लेकिन हानि की संभावना से भी इनकार नहीं किया जा सकता है। हालांकि अच्छा प्रदर्शन करनेवाली डाइवर्सीफाइड इक्विटी स्कीमों में निवेश कम जोखिम भरा होता है।

बेसिक को ध्यान में रखकर निवेश करें

हर बाजार की तरह शेयर बाजार में भी सफल होने का एक ही मूल मंत्र है-कम में खरीदो, ऊंचे में बेचो। हालांकि, शेयर बाजार के सबंध में यह जितना आसान नजर आता है, इस पर अमल करना उतना ही मुश्किल है। इसकी वजह बहुत छोटी है कि यह आदमी के स्वभाव से बिल्कुल मेल नहीं खाता। जब सूचकांक शबाब पर होता है तब निवेशक के मन में तरंगे उठती हैं और वह तेजी में भाग लेना चाहता है। इसके लिए वह शेयरों में लिवाली करता है और मूल मंत्र के पहले खंड के उलट काम करता है। जब तेजी का दौर थमता है, शेयरों की कीमतें घटने लगती हैं और बाजार में अफरातफरी मच जाती है, तब लोग बिकवाली पर उतर आते हैं। इस तरह, शेयर बाजार में निवेश के मूल मंत्र का दूसरा खंड भी खंड-खंड हो जाता है। निवेशक को जो काम करना चाहिए उसे न कर बिल्कुल विपरीत कदम उठाता है-ऊंचे में खरीदकर कम में बेचता है। यह चक्र तब तक चलता रहता है जब तक कि निवेशक इससे निकलने का पूरे मनोयोग से प्रयास नहीं करता है।

आंशिक मुनाफा वसूली करें

शेयरों की उच्चतम स्तर पर बिकवाली और निम्नतम स्तर पर लिवाली करना नामुमकिन सा है। इसलिए बेहतर तो यही होगा कि शेयरों की ठीक-ठाक कीमत मिलने पर थोड़ी-सी मुनाफा वसूली की जाए। इसे दूसरे नजरिए से देखते हैं-पोर्टफोलियो का एक हिस्सा इक्विटी और दूसरा हिस्सा फिक्स्ड इनकम विकल्प का होना चाहिए। इसका अनुपात कुछ भी हो सकता है-जैसे 60 फीसदी इक्विटी निवेश और 40 फीसदी फिक्स्ड इनकम निवेश। निवेशक को मौजूदा बाजार कीमतों पर इस अनुपात का दोबारा आंकलन करना चाहिए। चूंकि, पोर्टफोलियो में इक्विटी निवेश का वजन बढ़ गया है। इसलिए डेट निवेश का प्रतिशत कम हो गया होगा। जोखिम अनुपात को 60-40 पर बनाए रखने के लिए इक्विटी में थोड़ी बिकवाली कर कैश या अल्पकालिक डेट में

निवेश किया जा सकता है।

अप्रत्यक्ष रूप से आप देखेंगे कि इस तरह आपने थोड़ी-बहुत मुनाफा वसूली की बिकवाली की है। मुनाफा वसूली करते वक्त इस बात का जरूर ध्यान रखें कि इक्विटी और इक्विटी आधारित फंडों में दीर्घकालिक निवेश कर मुक्त होता है। लेकिन, लिवाली के एक साल के भीतर बिकवाली करने पर 10 फीसदी की दर से अल्पकालिक पूंजीगत लाभकर देना पड़ता है। इसके अलावा, बिकवाली करते वक्त एक और कर सिक्यूरिटीज ट्रांजेक्शन टैक्स (एस. टी.टी.) का भी ध्यान रखना चाहिए। मान्यता प्राप्त स्टॉक एक्सचेंज की बजाए बाजार से बाहर शेयरों का लेन-देन करने पर एस.टी.टी. से रियायत हासिल नहीं होगी।

म्यूचुअल फंड देते हैं लाभांश वितरण कर

म्यूचुअल फंड स्कीम के निवशकों को बुनियादी तौर पर लाभांश और पूंजीगत लाभ से आय होती है। दोनों ही स्रोतों से होने वाली आय पर अलग-अलग कर और टी.डी.एस. लागू होते हैं। आइए देखते हैं कि निवेशकों को मिलने वाले इन लाभों पर किस तरह कर लागू होता है।

(अ) लाभांश पर कर

म्यूचुअल फंड स्कीम में निवेश से प्राप्त होने वाला लाभांश यूनिटधारक के हाथों करमुक्त होता है। हालांकि, गैर शेयर आधारित म्यूचुअल फंड शेयरों को लाभांश वितरण पर 14.025 फीसदी का कर देना पड़ता है। लेकिन यह कर म्यूचुअल फंड यूनिट धारक के बदले में सीधे अदा करता है।

(आ) पूंजीगत लाभ पर कर

(इ) दीर्घकालिक पूंजीगत लाभ

1. **शेयर आधारित फंड की यूनिटों पर :** इन स्कीमों से प्राप्त होने वाला दीर्घकालिक लाभ आयकर अधिनियिम की धारा 10 (38) के तहत कर मुक्त होता है। लेकिन इसके लिए जरूरी है लेन-देन पहली अक्टूबर, 2004 को या उसके बाद हुआ हो और इससे हुए पूंजीगत लाभ पर सिक्यूरिटीज ट्रांजेक्शन कर (एस.टी.टी.) लागू हुआ हो। गौरतलब है कि इसी दिन वित्त अधिनियम (संख्या 2) का आठवां चैप्टर प्रभावी हुआ था। शेयर आधारित म्यूचुअल फंड स्कीम निवेश योग्य कोष का आधे से ज्यादा घरेलू कंपनियों के शेयरों में निवेश करता है।

2. **गैर-शेयर आधारित फंड की यूनिटों पर :** ऐसी यूनिटों को 12 माह के बाद बेचने से मिलने वाले लाभांश पर इंडेक्शन के साथ 20 फीसदी की दर से कर लागू होता है। हालांकि, इंडेक्शन से पहले आंका जाने वाला

दीर्घकालिक पूंजीगत लाभ कर अगर पूंजीगत लाभ से 10 फीसदी अधिक हो, तो यूनिट धारक को ज्यादा कर नहीं देना होगा। एकल निवेशक या अविभाजित हिंदू परिवार की आय (दीर्घकालिक पूंजीगत लाभ को छोड़कर) बुनियादी कर छूट सीमा से कम होने पर दीर्घकालिक पूंजीगत लाभ को घटाकर इस कमी को पूरा किया जाता है और शेष दीर्घकालिक पूंजीगत लाभ पर 20 या 10 फीसदी की दर से कर लागू होता है।

गैर-कारपोरेट यूनिटधारक की कुल आय 10,00,000 रुपए से अधिक होने पर दीर्घकालिक पूंजीगत लाभ पर 10 फीसदी का सरचार्ज भी लागू होता है। कारपोरेट यूनिट धारक और फर्मों को हर हाल में पूंजीगत लाभ पर 10 फीसदी का सरचार्ज देय होता है, चाहे उनकी आय कुछ भी हो। इसके अलावा पूंजीगत लाभ पर लगने वाले कर पर 10 फीसदी के सरचार्ज सहित दो फीसदी का शिक्षा अधिभार भी लागू होता है।

(ई) अल्पकालिक पूंजीगत लाभ :

(1) **शेयर आधारित फंड की यूनिटों पर :** इन स्कीमों से प्राप्त होने वाले अल्पकालिक पूंजीगत लाभ पर आयकर अधिनियम की धारा 111ए के तहत 10 फीसदी की रियायती दर से कर लागू होता है। एकल निवेशक या अविभाजित हिंदू परिवार की आय (अल्पकालिक पूंजीगत लाभ को छोड़कर) बुनियादी कर छूट सीमा से कम होने पर अल्पकालिक पूंजीगत लाभ को घटाकर इस कमी को पूरा किया जाता है और शेष अल्पकालिक पूंजीगत लाभ पर 10 फीसदी की दर से कर लागू होता है। इसमें भी वही सरचार्ज और शिक्षा अधिभार लागू होते हैं, जो दीर्घकालिक पूंजीगत लाभ पर लागू होते हैं।

(2) **गैर शेयर आधारित फंडों की यूनिटों पर :** गैर शेयर आधारित फंड की यूनिटों को 12 माह के बाद बेचने पर मिलने वाले लाभांश को निर्धारित कर कुल आय से जोड़ दिया जाता है और इस पर आयकर अधिनियम में वर्णित स्लैब के आधार पर कर की दर लागू होती है।

सिक्यूरिटीज ट्रांजेक्शन टैक्स : वित्त विधेयक, 2005 के अनुसार शेयर आधारित म्यूचुअल फंड स्कीम की यूनिटों का विमोचन करने पर यूनिट धारक को 0.20 फीसदी का सिक्यूरिटीज ट्रांजेक्शन टैक्स देना पड़ता है।

पूंजीगत लाभ पर टी.डी.एस.

घरेलू यूनिट धारक : आयकर अधिनियम के प्रावधानों के मुताबिक

पूंजीगत लाभ से होने वाली आय पर कोई टी.डी.एस. लागू नहीं होता है।

अनिवासी भारतीय यूनिट धारक : इन्हें दीर्घकालिक यूनिटों के विमोचन से होने वाले पूंजीगत लाभ (आयकर अधिनियम की धारा 10(38) के तहत शेयर आधारित म्यूचुअल फंड यूनिटों से मिलने वाले कर छूट योग्य दीर्घकालिक पूंजीगत लाभ को छोड़कर) पर 20 फीसदी की दर से आयकर देना पड़ता है।

दोहरा कराधान परिवर्जन संधि

केंद्रीय प्रत्यक्ष कर बोर्ड द्वारा 30 अक्टूबर 1995 को जारी सर्कुलर के प्रावधानों के अनुसार अगर अनिवासी भारतीय किसी ऐसे देश के नागरिक हैं जिसके साथ भारत की दोहरा कराधान परिवर्जन संधि है, तो उन्हें आयकर अधिनियम की धारा 195 के तहत टी.डी.एस. देना पड़ता है।

आई.पी.ओ. में निवेश से पहले जुटाएं जानकारी

अच्छे शेयर का चुनाव करना कई बार खासा मुश्किल हो जाता है। प्राथमिक बाजार में निवेश करने से पहले अच्छा-खासा होमवर्क करना जरूरी हो गया है। लेकिन जिन लोगों के पास समय की कमी है, उनके लिए यह काम बेहद कठिन होता है। ऐसे लोगों को तो यही सलाह दी जा सकती है कि वे आई.पी.ओ. में निवेश करने का ख्याल न ही करें तो अच्छा है। इसके बावजूद इस क्षेत्र में निवेश करना ही चाहते हैं तो किसी अच्छे म्यूचुअल फंड का चुनाव करें। आपके लिए जरूरी सारी मेहनत वह खुद ही कर लेता है।

दूसरी ओर, एक चतुर व सतर्क निवेशक, जो आई.पी.ओ. के प्रॉसपेक्ट्स व पत्रिकाओं और समाचार पत्रों में छपने वाली समीक्षाओं का गहन अध्ययन करने के साथ ही सभी तरह के जोखिम के प्रति सजग होता है, अच्छा लाभ कमा सकता है।

नीचे कुछ बिंदु दिए गए हैं, जिनका किसी आई.पी.ओ. में निवेश करने से पहले व्यापक विश्लेषण कर लेना जरूरी है:

- प्रवर्तकों का पिछला रिकॉर्ड व अनुभव - समूह की कंपनियों का प्रदर्शन।
- परियोजना लागत - उचित या अधिक।
- लक्ष्य - हासिल करने योग्य, बहुत ऊंचा अथवा आशाजनक।
- मूल्यांकन स्वंय किया गया है अथवा किसी बाहरी स्वतंत्र एजेंसी द्वारा?
- निर्यात के अवसर और क्या विदेश से कोई मजबूत प्रतिबद्धता मिली है?
- प्रवर्तकों की हिस्सेदारी।
- प्रतिस्पर्धा - घरेलू एवं वैश्विक दोनों।
- उद्योग - असंगठित क्षेत्र का वर्चस्व है अथवा संगठित क्षेत्र का।
- प्रीमियम उचित है अथवा नहीं।

- उत्पादों व व्यवसाय का विविधीकरण - संबद्ध अथवा असंबद्ध।
- लाभ/लाभांश - स्थायित्व है अथवा नहीं?
- उद्यम पूंजी आधारित है अथवा श्रम आधारित?
- आवेदन की लागत व आवंटन का तरीका।
- क्या कंपनी लगातार बाजार में बनी हुई है?

इसके अलावा आई.पी.ओ. के कुछ संकेतक और भी होते हैं:

बुक वैल्यू : इसका अर्थ होता है चुकता पूंजी और अर्जित आय का योग। इस अनुपात के आधार पर कंपनी के मूल आकार व मौजूदा आकार की तुलना की जा सकती है।

बाजार मूल्य : इसे कंपनी की बैलेंस शीट, सरकार की नीतियों, बाजार की परिस्थितियों, प्रबंधन आदि के विवरण के आधार पर तय किया जाता है। इससे कंपनी के मजबूत व कमजोर पक्षों का पता चलता है।

प्रति शेयर आय (ई.पी.एस.) : जैसा कि नाम से ही जाहिर है, इससे पता चलता है कि कंपनी ने प्रत्येक शेयर धारक के लिए कितनी आय अर्जित की।

यील्ड : यह बाजार भाव व लाभांश का अनुपात है। यह ध्यान रखना जरूरी है कि किसी शेयर के सालाना रिटर्न की गणना उसके मौजूदा बाजार मूल्य के आधार पर की जाए। इसके अलावा कंपनी द्वारा पूर्व में दिए गए बोनस पर राइट शेयरों की जानकारी हासिल कर लेना भी जरूरी है।

आई.पी.ओ. में निवेश करने के मामले में सबसे महत्त्वपूर्ण बात यह पता लगाना है कि कंपनी द्वारा जिस दाम पर शेयर जारी किए जा रहे हैं, वह उचित है अथवा नहीं? लेकिन किसी भी आम निवेशक के लिए किसी कंपनी या उसके आई.पी.ओ. को लेकर इतनी गहराई में जाना अक्सर संभव नहीं होता। इस स्थिति में सबसे बेहतर उपाय यही है कि एक आम धारणा के आधार पर निर्णय लिया जाए। आई.पी.ओ. के जारी होने के समय पत्रिकाओं और समचार पत्रों में इनकी समीक्षा की जाती है। निवेशकों को इन्हीं में से कुछ प्रतिष्ठित पत्र-पत्रिकाओं का चयन कर उनका अध्ययन करना होगा।

प्राथमिक बाजार में निवेश करते समय मुफ्त की सलाह देने वालों से सावधान रहने की जरूरत है। ध्यान रखें कि अगर किसी के पास आपको देने के लिए कोई अच्छा आइडिया है, तो वह इसे पहले खुद भी आजमा सकता था। जिनके पास विचार होता है, वे सलाह नहीं देते बल्कि उसे अमल में लाने का प्रयास करते हैं।

ध्यान रखें कि शेयर बाजार को लेकर सटीक भविष्यवाणी करना किसी के भी बूते से बाहर की बात है। इधर-उधर की बातें सुनकर निवेश करने वाले लोग अक्सर अपनी पूंजी गंवा बैठते हैं। किसी समय विशेष पर कोई नहीं बता सकता कि किस शेयर में निवेश अच्छा है और किसमें खराब। हर निवेशक की अपनी मान्यताएं और विश्वास होते हैं और इसमें कुछ बुराई भी नहीं है। इसलिए बिना अपना दिमाग लगाए कभी निवेश न करें और अगर आपके पास जानकारी जुटाने के लिए मेहनत करने का समय नहीं है तो सीधे किसी म्यूचुअल फंड में निवेश को तरजीह दें।

किफायती पोर्टफोलियो मैनेजर होते हैं म्यूचुअल फंड

अगर आप अपने आसपास नजर दौड़ाएंगे तो आपको काफी सारे पेशेवर पोर्टफोलियो मैनेजर दिखाई देंगे, जो निवेशकों का ध्यान आकर्षित करने की कोशिश कर रहे हैं। ये म्यूचुअल फंड हैं। ये आपके पोर्टफोलियो मैनेजर हैं और ये बड़े निवेशकों के मुकाबले अधिक पारदर्शिता और कर लाभ मुहैया कराते हैं।

बुनियादी बातें

म्यूचुअल फंड कई तरह के निवेश विकल्प मुहैया कराते है, जैसे-ओपन इंडेड, क्लोज इंडेड, सेक्टोरल फंड, बैलेंस्ड फंड, एम.आई.पी., एफ.एम.पी., गिल्ट फंड, इनकम फंड आदि। हालांकि, आयकर अधिनियम म्यूचुअल फंडों को सिर्फ दो वर्ग में बांटता है-इक्विटी और नॉन-इक्विटी। इनकी अवधि और इन पर मिलने वाले कर लाभ भी अलग-अलग होते हैं। साधारण शब्दों में इक्विटी फंड वह फंड होता है जो 50 फीसदी से ज्यादा निवेश इक्विटी शेयरों में करता है। 2006 के बजट में इस सीमा को बढ़ाकर 65 फीसदी कर दिया गया है। इससे इक्विटी फंड को भारी कर लाभ मिले हैं। इनसे मिलने वाले दीर्घकालिक पूंजीगत लाभ को करमुक्त कर दिया गया है। अल्पकालिक पूंजीगत लाभ पर 10 फीसदी से कर लागू होगा। लाभांश पर वितरण कर लागू नहीं होगा। यूनिटों के रिडक्शन पर पहले 0.2 फीसदी सिक्यूरिटी ट्रांजेक्शन टैक्स (एस.टी.टी.) लागू था। इस दर को बढ़ाकर 0.25 फीसदी कर दिया गया है। दूसरी तरफ नॉन-इक्विटी फंडों से होने वाले दीर्घकालिक पूंजीगत लाभ पर इंडेक्शन के साथ 20 फीसदी या बिना इंडेक्शन के 10 फीसदी की दर से लागू होता है। अल्पकालिक पूंजीगत लाभ को निवेशक की अन्य आय से जोड़ा जाएगा और लागू स्लैब के मुताबिक कर की दर लागू होगी। लाभांश आदायगी पर 14.025 फीसदी कर लागू होगा। कार्पोरेट, फर्म आदि पर यह 22.44 फीसदी है। इन पर एस.टी.टी. लागू नहीं है। लोग यूं ही नहीं कहते हैं कि जितना ज्यादा जोखिम, उतना ज्यादा फायदा।

इक्विटी फंड का दूसरा वैरिएंट

इक्विटी लिंक्ड सेविंगत स्कीम (ई.एल.एस.एस.) - साधारण शब्दों मे ई.एस.एस.एस. कर लाभ मुहैया कराने वाले इक्विटी फंड होते है। इनमें किए जाने वाले निवेश पर धारा 80 सी के तहत कर कटौती लाभ मिलता है। मतलब यह कि इनमें निवेश की गई रकम कर-योग्य आय से घटाई जा सकती है। हालांकि, धारा 80 सी के तहत कटौती एक लाख रुपए तक सीमित है। इसे एक उदाहरण से समझते हैं:

कर-योग्य आय : 6,00,000 रुपए

ई.एल.एस.एस. में निवेश : 1,00,000 रुपए

शुद्ध कर योग्य आय : 5,00,000 रुपए

कर बचत लॉक-इन के साथ उपलब्ध होते हैं। दूसरे शब्दों में, लॉक-इन अवधि के बगैर धारा 80 सी का लाभ नहीं मिलेगा। लेकिन, सिर्फ इसी निवेश की लॉक-इन अवधि सबसे कम महज तीन साल है। इसके अलावा, ई.एल. एस.एस. का प्रदर्शन भी समकक्ष डाइवर्सिफाइड फंडों के मुकाबले बेहतर होता है। ऐसा इसलिए होता है क्योंकि फंड मैनेजरों को रोज-रोज होने वाले रिडेक्शन परेशान नहीं करते और उन्हें निवेश के लिए एक खासी लंबी अवधि तक रकम उपलब्ध रहती है। कर लाभ को भूल जाएं तो इसमें एक लाख रुपए से ज्यादा का निवेश फायदेमंद होगा।

विकल्पों की भीड़ में कौन सही है

म्यूचुअल फंड में तीन विकल्प होते हैं - डिविडेंड, डिविडेंड डिस्ट्रीब्यूशन और ग्रोथ। डिविडेंड को समझना काफी आसान है। चूंकि, लाभाश कर मुक्त होने से यह नियमित आय पाने का शानदार निवेश विकल्प है। इसका मतलब तय वक्त पर खुद-ब-खुद मुनाफावसूली से भी होता है, जो तेजी में काफी फायदेमंद होता है। मौजूदा कर व्यवस्था को देखते हुए डिविडेंट रिइंवेस्टमेंट और ग्रोथ ऑप्शन में कोई अंतर नहीं है। हालांकि, भविष्य में लाभांश कर लागू होने पर डिस्ट्रीब्यूशन टैक्स का बोझ उठाने की बजाए ग्रोथ विकल्प अपनाना बेहतर होगा।

कुल मिलाकर, म्यूचुअल फंड निवेशकों को प्रतिफल, जोखिम, तरलता और कर लाभ का सर्वोत्तम सम्मिश्रण उपलब्ध कराता है। आप अपने निजी पोर्टफोलियो मैनेजर म्यूचुअल फंड को उसका काम करने दीजिए। बार-बार लिवाली और बिकवाली करने से निवेश का मजा खराब होता है।

म्यूचुअल फंड को समझने की जरूरत है

अपनी अहमियत और उल्लेखनीय तेजी के बावजूद छोटे निवेशकों के लिहाज से म्यूचुअल फंड अपेक्षाकृत कम आंका जाने वाला और सर्वाधिक गलतफहमी का शिकार बना निवेश माध्यम है। दुनिया भर के अर्थशास्त्री म्यूचुअल फंड को देश की अर्थव्यवस्था के हृदय को रक्त की आपूर्ति करने वाली धमनी के रूप में देखते हैं। इसलिए यह आवश्यक है कि व्यवस्था की गहराई तक जाकर स्थितियों को समझा जाए। म्यूचुअल फंड उद्योग यह महसूस करता है कि लोगों में उसके प्रति गलतफहमी इतनी पैठ कर गई है कि व्यापक स्तर पर निवेशकों को शिक्षित करने के लिए उपाय करना मुश्किल है। इसलिए यह उद्योग अधिक से अधिक संभव फंड जुटाने का प्रयास कर रहा है और इस क्रम में यह न्यूनतम सुनिश्चित रिटर्न का प्रस्ताव, राइट और बोनस जारी करना और अपनी नई स्कीमों को शेयरों के आई.पी.ओ. की तरह पेश करने जैसी कई गलत गतिविधियों में सक्रिय हो गया। आई.पी.ओ. के प्रति निवेशकों का रुझान इतना जबरदस्त रहा है कि कमोबेश सभी म्यूचुअल फंडों ने नियमित अंतराल पर अपना आई.पी.ओ. लाना शुरु कर दिया है। स्थिति यह है कि एक समय इक्विटी शेयरों के मुकाबले म्यूचुअल फंड स्कीम ज्यादा हो जाएगी। यह अमेरिका की वर्तमान स्थिति है लेकिन क्या भारत को ऐसी गतिविधियों में संलग्न होना चाहिए?

बाजार नियामक सेबी ने कुछ सुधारात्मक उपाय करने की कोशिश की है। इसने म्यूचुअल फंडों को प्रारंभिक पब्लिक ऑफर (आई.पी.ओ.) के स्थान पर नया मुहावरा 'न्यू फंड ऑफर' (एन.एफ.ओ.) के उपयोग का निर्देश दिया है। हालांकि म्यूचुअल फंडों पर इस निर्देश का कोई असर नहीं हुआ। सेबी ने 4 अप्रैल 2006 को इस संदर्भ में एक सर्कुलर जारी किया। जिसमें निम्नलिखित बातों को अनिवार्य बनाया गया:

- प्रारंभिक इश्यू के खर्चे की अनुमति सिर्फ क्लोज एंडेड स्कीमों में ही होगी।

– खुली अवधि वाली स्कीमों को बिक्री, मार्केटिंग और स्कीम की बिक्री और वितरण से जुड़े अन्य खर्चों को प्रारंभिक इश्यू के खर्चों से नहीं, बल्कि एंट्री लोड से पूरा करना होगा।

– चूंकि क्लोज एंडेड स्कीमों को प्रारंभिक इश्यू के खर्चों को उठाने की अनुमति होती है, इसीलिए उन्हें एंट्री लोड नहीं लेनी चाहिए।

– ऐसी क्लोज एंडेड स्कीमें जिनमें प्रारंभिक इश्यू खर्च का स्थगन होता है, स्थगनादेश के पूरा होने से पूर्व स्कीम से बाहर निकलने वाले निवेशक के लिए ए.एम.सी. शेष आनुपातिक अस्थगन इश्यू खर्चों की वसूली के बाद यूनिट का विमोचन कर सकता है।

– क्लोज एंडेड स्कीम के परिवर्तन या इंटरवल स्कीम को ओपन एंडेड स्कीम में परिवर्तन या नई यूनिट को जारी करने से पूर्व स्कीम से शेष अस्थगन राशि की पूर्ण वसूली होना जरूरी है।

– सेबी के इस दिशा-निर्देश का क्या असर पड़ेगा, यह जानने से पूर्व अन्य बातों पर गौर करते हैं।

क्यों है एन.एफ.ओ. के प्रति निवेशकों का रुझान

निवेशक यह महसूस करते हैं कि लांचिंग के समय 10 रुपए का एन.ए.वी. 40 रुपए के एन.ए.वी. से ज्यादा फायदेमंद होता है। उनका यह विरोध होता है कि 40 रुपए के एन.ए.वी. पर उन्हें अपेक्षाकृत कम यूनिटें मिलेंगी। वह यह नहीं समझ सकता है कि उसकी निवेशित राशि में प्रतिशत लाभ ज्यादा मायने रखता है। एन.ए.वी. यूनिट के फेस वैल्यू का डेरिवेटिव मात्र है। एन.ए.वी. में प्रतिशत लाभ बराबर होता है। यदि पोर्टफोलियो का मार्केट वैल्यू 50 फीसदी बढ़ता है तो 10 रुपए का एन.ए.वी. बढ़कर 15 रुपए हो जाएगा जबकि 40 रुपए का एन.ए.वी. 60 रुपए होगा। इसलिए संख्या के बजाए प्रतिशत लाभ पर गौर करना चाहिए।

किसी चालू स्कीम के आधार पर खरीदारों का रुझान बढ़ता है। हालांकि सभी म्यूचुअल फंडों के ऑफर दस्तावेज में यह वैधानिक चेतावनी दी जाती है कि पूर्व का प्रदर्शन भविष्य में रिटर्न की गारंटी नहीं देता। लेकिन होशियार निवेशक यह जानता है कि वित्तीय बाजार में इतिहास को नजरअंदाज करना आत्महत्या करने जैसा है। सेबी द्वारा पारदर्शिता पर दबाव दिए जाने की वजह से ज्यादातर म्यूचुअल फंड अपने सभी निवेशकों को तिमाही रिपोर्ट भेजते हैं। इन रिपोर्टों में फंड के प्रदर्शन से संबंधी कुछ दिलचस्प बातों का खुलासा होता है। अंतर-फंड के प्रदर्शन की तुलना संभव होती है और सबसे अहम यह कि मौजूदा पोर्टफोलियो के आधार पर निवेशक स्कीम के भविष्य का आकलन कर सकता है। एन.एफ.ओ. का कोई इतिहास नहीं होता है और इसलिए उससे संबंधित कोई आंकड़े भी नहीं होते हैं। जाहिर है कि इससे जोखिम जुड़ा होता है।

वर्तमान दिशा निर्देश के अनुसार म्यूचुअल फंड अपने छह फीसदी तक संग्रह को इश्यू खर्च के रूप में दर्शा सकते हैं। काफी समय पूर्व म्यूचुअल फंड लांचिंग के खर्च को स्कीम अपफ्रंट से वसूलते थे। इसके परिणामस्वरूप निवेशक द्वारा लांचिंग के समय किए गए 10 रुपए के सब्सक्रिप्शन पर एन.

ए.वी. 9.40 रुपए होता था। लंबी अवधि के निवेशकों के लिए यह निश्चित रूप से अच्छी बात नहीं थी। इस समस्या का समाधान म्यूचुअल फंडों को इन खर्चों को पांच वर्ष के लिए स्थगित करने की अनुमति देकर किया गया।

निवेशकों के बढ़ते रुझान की वजह से एन.एफ.ओ. की संख्या लगातार बढ़ती जा रही है। इसके अलावा म्यूचुअल फंडों की मार्केटिंग और पब्लिसिटी पर ज्यादा जोर दिया जा रहा है और डिस्ट्रीब्यूटरों को हाई ब्रोकरेज दिया जा रहा है। जो निवेशक पांच वर्ष से पूर्व स्कीम से बाहर निकल रहे हैं उन्हें अलग कीमत चुकानी पड़ रही है लेकिन जो व्यक्ति स्कीम में पांच वर्ष के बाद शामिल होते हैं उन्हें लांचिंग के किसी खर्चे का बोझ नहीं उठाना पड़ता है। जी हां, चतुर निवेशक अपनी निवेश योग्य राशि को सिर्फ पांच वर्ष पुरानी स्कीमों में ही लगाते हैं। सेबी के नए निर्देश के बाद बड़ी संख्या में निवेशक इस रणनीति को अपनाएंगे।

दीर्घावधि निवेश है बाजार में उतार-चढ़ाव का इलाज

अल्बर्ट आइंस्टीन ने संचयन को दुनिया की आठवीं ताकत माना था। इस संबंध में एक कहानी है। एक बार एक राजा एक किसान से शतरंज में हार गया। राजा ने उससे इनाम मांगने को कहा। किसान ने शतरंज के पहले खाने में गेहूं का एक, दूसरे में दो, तीसरे में चार, चौथे में आठ, पांचवें में 16 दाने से लेकर 64वें खाने तक (जितने भी हों) देने की मांग की। राजा सुनकर बहुत खुश हुआ और उसकी मुराद पूरी करने का हुक्म दिया। लेकिन इसके लिए उसे गेहूं के 1, 84, 46, 74, 40, 73, 70, 95, 51, 615 दाने की जरूरत थी। इसे इस तरह समझते हैं। एक किलो में गेहूं के लगभग 25000 दाने होते हैं। राजा को अपना वादा पूरा करने में 73,787 टन गेहूं की जरूरत पड़ी। वर्ष 2004 में भारत का कुल राष्ट्रीय उत्पाद (गेहूं, चावल, गन्ना, कपास आदि) लगभग 20 करोड़ टन था। राजा को इससे 3690 गुना ज्यादा गेहूं की जरूरत थी। राजा इसका भुगतान 3.50 रुपए प्रति किलो की भी दर से नकद में करता तो उसे 25, 82, 54, 417 करोड़ रुपए देने होते। यह देश के सकल राष्ट्रीय उत्पाद से 2000 गुना ज्यादा होता। किसान ने अपने फायदे के लिए संचयन का इस्तेमाल किया। राजा को पहले 10 वर्गों तक के बारे में तो अंदाजा था, फिर मामला हाथ क्या दिलो-दिमाग से निकल गया। दूसरे शब्दों में, संचयन दीर्घावधि में काम करता है।

इस समय बाजार में 200 से ज्यादा इक्विटी आधारित स्कीमें हैं। पिछले पांच सालों में क्या हुआ, सभी को पता है। डॉट कॉम का बुलबुला फूटा, 11 सितंबर का आतंकी हमला, अफगानिस्तान व इराक में अमेरिका का सैन्य अभियान, अमेरिकी ब्याज दरों में कमी और बढ़ोतरी, तेल की कीमतों में उछाल, घरेलू बाजार में केतन पारेख का धमाका, अंबानी बंधुओं का बंटवारा। इन सबके पीछे संचयन का गणित काम कर रहा था।

वास्तव में हममें से कितने लोग लंबे समय के लिए निवेश करते हैं? पारेन वुफे कहते हैं कि एक निवेशक की जिंदगी में कुल 20 ट्रेंड काफी होंगे।

निवेश करना काफी कठिन है। लोगों के पास यह सोचने की न ऊर्जा और न चाहत होती है कि कब और कैसे निवेश किया जाए। कैल्पिन कूलिज ने सफल निवेशक बनने का गुर सुझाया था : दृढ़ता। इसकी जगह कोई नहीं ले सकता। प्रतिभा भी नहीं।

आपको कई योग्य, लेकिन असफल व्यक्ति मिलेंगे। दृढ़ता और समर्पण मूल मंत्र हैं। दूसरे शब्दों में मार्केट टाइमिंग और मार्केट को टाइम न करने में उतना अंतर है, जितना सफल और असफल निवेशक में है।

गिरावट का असर घटाना है तो व्यवस्थित करें

शेयर बाजार से पैसा कमाने का एक साधारण सूत्र है–कम में खरीदो, ज्यादा में बेचो। लेकिन निवेशक खुद को बार-बार इस नियम को तोड़ते हुए पाते हैं। जब बाजार में तेजी होती है, निवेशक मौके का फायदा उठाने के लिए लिवाली की ओर मुड़ते हैं। जो चढ़ता है, वह गिरता है। बाजार जब इस नियम पर चलता है तब निवेशकों में घबराहट फैल जाती है और वे जल्दबाजी में आकर घाटे में बेचने लगते हैं। अंग्रेजी में एक कहावत है–अगर गरमी बर्दाश्त नहीं तो रसोईघर में मत घुसो। खासकर शेयर बाजारों के मामले में यह कहावत एकदम सच है। अगर आप एक ऐसे निवेशक हैं जो अपने निवेश को रोज बढ़ते ही देखना चाहता है और बहुत ही कम समय के लिए गिरावट सह नहीं सकते तो समझ लीजिए आपको निराशा होगी। परिभाषा के मुताबिक शेयर बाजार गिरने और चढ़ने के लिए ही चढ़ेंगे और गिरेंगे। हालांकि, अगर अर्थव्यवस्था मजबूत है और कंपनियों के राजस्व में खासी बढ़ोतरी हो रही है, तब यह साफ है कि आज नहीं तो कल इसका असर बाजार में भी दिखेगा।

तकनीकी संशोधन से कैसे निपटें

एक निवेशक के रूप में आपको अपना पोर्टफोलियो दोबारा व्यवस्थित करना होगा। मान लिया कि आपने जोखिम क्षमता के मुताबिक 70 फीसदी इक्विटी और 30 फीसदी डेट में निवेश करने का फैसला किया है। निवेश राशि पांच लाख रुपए है। इसका मतलब यह कि साढ़े तीन लाख इक्विटी और बाकी डेट में निवेश किया जाएगा। बाजार एक साल में 30 फीसदी चढ़ता है और डेट इंस्ट्रूमेंट पर पांच फीसदी कमाई होती है। इक्विटी निवेश 4,55,000 रुपए और डेट 1,57,500 रुपए हो जाएगा। अब निवेश अनुपात बदल गया है और इक्विटी निवेश 74 फीसदी हो गया है। हालांकि, आप इक्विटी में सिर्फ 70 फीसदी निवेश ही चाहते हैं तब इक्विटी निवेश का चार फीसदी बेचकर डेट में निवेश कर दीजिए, इसका उलटा भी किया जा सकता है। लेकिन यह मनोवैज्ञानिक

तौर पर ज्यादा कठिन होगा। गिरावट के चलते निवेश का इक्विटी हिस्सा घटने पर, शेयर या इक्विटी म्यूचुअल फंड खरीदकर इसकी भरपाई की जानी चाहिए। आने वाले समय में संशोधन होने पर निवेशक तेजी के उच्च शिखर पर एक और जोखिम उठाएंगे।

तारीख	**यूनिट**	**एन.ए.वी. (रुपए)**	**निवेश (रुपए)**
18 मई 2006	6000	50.00	3,00,000
17 नवंबर 2007	6000	60.23	3,61,360

रिटर्न दर 13.20 फीसदी

इस सारणी में 18 मई को कुल निवेश दिखाया गया है, जब बाजार सर्वोच्च शिखर पर था। इसके बाद बाजार गिरता है और संभलने में 18 महीने लग जाते हैं। शुरु में एन.ए.वी. 50 रुपए और 18 महीने बाद 60.23 रुपए। लगभग 20 फीसदी बढ़ोतरी हो गया। इस तरह रिटर्न रेट 13.20 फीसदी सालाना हुई। अगर यही निवेशक एक बार की बजाए कुछ अंतराल के बाद निवेश करता है, तब ऐसा हो सकता है:

तारीख	यूनिट	एन.ए.वी. (रुपए)	निवेश (रुपए)
18 मई 2006	1000	50.00	50,000
17 अगस्त 2006	1111.11	45.00	50,000
17 नवंबर 2006	1388.89	36.00	50,000
17 फरवरी 2007	1207.73	41.40	50,000
17 मई 2007	1050.20	47.61	50,000
17 अगस्त 2007	954.73	52.37	50,000
17 नवंबर 2007	6712.66	60.23	4,04,281

रिटर्न दर 39 फीसदी

निवेश के पहले छह महीने एन.ए.वी. गिरती रहती है, यह गिरावट के दौर में होता है। हालांकि, निवेशक ने निवेश की रकम को बनाए रखा। लगभग 28 फीसदी की गिरावट के बाद (50 से 36 रुपए आने पर) ट्रेंड बदलता है। बाजार दोबारा चढ़ने लगता है और एन.ए.वी. भी। 18 महीने बाद एन.ए.वी. 60.23 रुपए हो जाता है। 18 महीने के लिए रखी गई कुल निवेश राशि 3,00,000 रुपए ही रही। हालांकि, रिटर्न दर 39 फीसदी पर पहुंच गई। तकनीकी संशोधन से निपटने का एक ही तरीका है, इससे जूझना। इसका मतलब निवेश से हटाना नहीं, बल्कि आक्रामक तरीके से निवेश करना है।

कुल मिलाकर, शेयर बाजार शेयर बाजार की तरह ही रहेगा। यह कभी

ऊपर जाएगा तो कभी नीचे। इन स्थितियों में निवेशकों के पास दो विकल्प हैं। बाजार जब चढ़े, तो समय-समय पर अपने पोर्टफोलियो को व्यवस्थित करें। इसमें इक्विटी में अत्यधिक निवेश से बचा जा सकेगा। जब बाजार गिरे, तो व्यवस्थित निवेश करें। इससे सेंसेक्स के सर्वोच्च स्तर पर निवेश से बचा जा सकेगा।

ट्रेडर, निवेशक के लिए अलग हैं कर प्रावधान

जब आप शेयर बाजार में शेयर खरीदते या बेचते हैं तो आपको या तो लाभ होता है या घाटा। अब ज्यादातर निवेशक यह जानते हैं कि 12 माह से ज्यादा समय तक रखे शेयरों से हुए लाभ को दीर्घावधि पूंजीगत लाभ की श्रेणी में रखा जाता है और यह लाभ करमुक्त है। जबकि 12 माह से कम अवधि तक रखे शेयरों से हुए लाभ को अल्पावधि लाभ कहा जाता है और इस पर 10 फीसदी की रियायती दर पर कर लागू होगा।

यदि आप सिक्यूरिटी में ट्रेडर हैं तो पूंजीगत लाभ कर का प्रावधान आपके सिक्यूरिटी ट्रांजेक्शन पर लागू होगा। इसकी बजाए आपके सिक्यूरिटीज ट्रांजेक्शन पर लाभ या हानि को बिजनेस प्रॉफिट की श्रेणी में रखा जाएगा और निर्धारित दर पर कर निरोपित होगा। शेयर बाजार में लंबे समय से चली आ रही तेजड़िया तेजी के चलते आम तौर पर निवेशकों का पूंजी बाजार में लेन-देन बढ़ गया है। आपका अधिकारी ऐसे सौदे को पूंजीगत लाभ के रूप में नहीं बल्कि, बिजनेस आय के रूप में कराधान करना चाहते हैं। बहरहाल, कोई व्यक्ति ट्रेडर है या निवेशक यह फैसला करने में समस्या होती है। दूसरे शब्दों में कर कानून में इस संबंध में कोई खास प्रावधान नहीं है। इस मुद्दे पर निवेशक, टैक्स प्रोफेशनल और न्यायपालिका के बीच टकराव का माहौल है। यह स्थिति तब तक बनी रहेगी जब तक कि आयकर विभाग आवश्यक दिशा निर्देश नहीं जारी कर देता है।

आइए, देखते हैं कि इसके पीछे क्या तथ्य हैं:

निर्णय को प्रभावित करने वाले कारक : पूंजी बाजार में हुए सौदे पर कर दायित्व का निर्धारण सिक्यूरिटी के वर्गीकरण के आधार पर होता है। यदि उक्त सिक्यूरिटी को निवेश की श्रेणी में रखा जाता है तो किसी भी प्रकार के लाभ को पूंजीगत लाभ कहा जाता है और इस पर आयकर अधिनियम के तहत कर निर्धारण होता है। हालांकि यदि उक्त सिक्यूरिटी को शेयर की श्रेणी में रखा जाता है तो किसी भी प्रकार के लाभ को बिजनेस आय के रूप में रखा जाता

है और उस निर्धारिती पर लागू दर के अनुसार कर लगता है।

आयकर विभाग ने निवेश के वर्गीकरण के संबंध में अभी तक कोई नियम या मानदंड निर्धारित नहीं किए हैं। ऐसे वर्गीकरण के लिए सबसे अहम बात यह है कि खरीद के समय निर्धारक का उद्देश्य क्या था। यदि निर्धारक ने निवेश के उद्देश्य से सिक्यूरिटी को खरीदा था तो यह निवेश ट्रेड या बिजनेस की श्रेणी में नहीं, बल्कि ट्रांजेक्शन की श्रेणी में आएगा।

विश्व के महान निवेशक वारेन बफेट की सफलता का मंत्र

नेब्रास्का के ओमाहा में 30 अगस्त 1930 को वरेन बफेट का जन्म हुआ। नेब्रास्का के विश्वविद्यालय में अध्ययन करते समय बफेट ने बैंजामिन ग्राहम की पुस्तक 'द इंटेलीजेंट इनवेस्टर' पढ़ी। इस पुस्तक से बफेट को प्रेरणा मिली और डिग्री की पढ़ाई पूरी करने के बाद वे न्यूयॉर्क के कोलंबिया ग्रेजुएट बिजनेस स्कूल में ग्राहम के साथ पढ़ने के लिए चले गए। वहां बफेट ने निवेश की अहमियत को अच्छी तरह समझा। पढ़ाई पूरी करने के बाद वे वापस आ गए और फिर ग्राहम के बुलावे पर वर्ष 1954 में ग्रहम-न्यूमेन कंपनी में काम करने लगे। वर्ष 1956 में वह कंपनी बंद हो गई और बफेट ओमाहा लौट गए।

ग्राहम से सीखे गए निवेश के मंत्र के आधार पर बफेट ने सिर्फ पचीस वर्ष की उम्र में अपनी निवेश कंपनी की स्थापना की। परिवार और मित्रों ने उनका भरपूर सहयोग किया। वर्ष 1961 में बफेट ने डेंम्पस्टर मिल मैन्यूफैक्चरिंग कंपनी खरीद ली और वर्ष 1962 में कपड़े बनाने वाली कंपनी बर्फशायर हेथवे के शेयर खरीदने शुरु कर दिए। उस समय कंपनी की हालत ठीक नहीं थी। कंपनी को पटरी पर लाने के लिए बफेट को काफी संघर्ष करना पड़ा। 1970 में बर्फशायर हेथवे में निवेश करने वाले निवेशक कंपनी के प्रति आस्था गंवाने लगे। बफेट ने अपना धीरज बनाए रखा।

बफेट का मानना था कि इलाके में सबसे ज्यादा कर्मचारी कपड़ा मिलों में काम करते थे। कार्य करने वाले दक्ष और उम्रदराज लोग थे जिन्हें बदला नहीं जा सकता था। प्रबंधन से ऊंचा ब्याज मिल रहा था और कर्मचारियों की यूनियन विश्वसनीय थी। इन तमाम वजहों के आधार पर बफेट को भरोसा था कि कपड़े के व्यवसाय से मुनाफा हासिल किया जा सकता है। वर्ष 1980 तक बफेट जमीनी हकीकत को समझने लगे। वस्त्र महज पदार्थ हैं और पदार्थ अपने प्रतिस्पर्धी से अधिक भिन्न नहीं हो सकते। प्रतिस्पर्धी वस्त्र उद्योग में बने रहने के लिए पूंजी सुधार के क्षेत्र में निवेश करना जरूरी है। विदेशी प्रतिस्पर्धी कंपनियां सस्ते श्रम का उपयोग करती हैं जिससे मुनाफा प्रभावित होता है।

इन तथ्यों के आधार पर बफेट ने वस्त्र उद्योग में निवेश बंद कर दिया। इसके बावजूद वर्ष 1962 से 1980 के दौरान बर्फशायर हेथवे के अंतर्गत बफेट ने कई कंपनियां खरीदीं जिनमें बीमा, ब्लू चिप स्टैंप्स, सीज कैंडी शॉप्स, बफेलो न्यूज आदि शामिल थीं।

वस्त्र उद्योग से नाता तोड़ लेने के बावजूद उन्होंने कई कंपनियां खरीदीं। बफेट के अनुभवों के आधार पर पुस्तक लिखने वाले रॉबर्ट जी. हेग्सटोर्म ने बफेट की सफलता के चार सूत्रों का उल्लेख किया है।

1. व्यापारिक सूत्र

(अ) क्या व्यापार सरल और समझ में आने लायक है?

(आ) क्या व्यापार के निरंतर चलते रहने का इतिहास है?

(इ) क्या व्यापार में दीर्घकालीन मुनाफे की संभावना है?

2. प्रबंधन सूत्र

(अ) क्या प्रबंधन तर्कसंगत है?

(आ) क्या शेयरधारकों को प्रबंधन पर भरोसा है?

(इ) क्या सांस्थानिक कमजोरियों से निपटने में प्रबंधन सक्षम है?

3. वित्तीय सूत्र

(अ) इक्विटी पर रिटर्न अहम है, प्रति शेयर लाभ अहम नहीं है।

(आ) सही तस्वीर देखने के लिए धारक की कमाई की गणना करें।

(इ) ज्यादा मुनाफा अर्जित करनेवाली कंपनियों को प्राथमिकता दें।

(ई) प्रत्येक डॉलर लाभ देते समय सुनिश्चित करें कि कपंनी ने बाजार मूल्य के अनुसार कम से कम एक डॉलर सृजित किया हो।

4. बाजार सूत्र

(अ) व्यवसाय का मूल्य क्या है?

(आ) क्या मूल्य की तुलना में अधिक रियायती दर पर व्यवसाय को खरीदा जा सकता है?

निवेशकों के लिए टिप्स

शेयर बाजार ऐसे तमाम लोगों को अपनी तरफ आकर्षित करता है जो ज्यादा से ज्यादा धन कमाना चाहते हैं। अक्सर लोग एक-दूसरे को कहते हुए मिल जाएंगे, 'अगर ज्यादा कमाई करनी है तो शेयर बाजार में तकदीर आजमाना ठीक रहेगा। मेरे दोस्त ने शेयरों से काफी दौलत बटोरी है।'

नए निवेशक को हमेशा कुछ बुनियादी बातों पर ध्यान देना चाहिए। शेयर बाजार में निवेश करने से पहले सुनिश्चित कर लें कि आप किस श्रेणी के निवेशक हैं।

क्या आप दीर्घकालिक निवेशक हैं?

क्या आप अंशकालिक निवेशक है?

अगर कंपनी के फंडामेंटल्स सही हों तो खुद को सब्र करना सिखाकर शेयर बाजार में आप 95 फीसदी सुरक्षित अनुभव कर सकते हैं। बैंक में जमा किया हुआ अपना पैसा आप किसी भी आपातकालीन परिस्थिति में निकाल सकते हैं और वैसा करते समय आपको बैंक की तरफ से ब्याज भी मिलता है।

अगर आपका पैसा शेयर बाजार में लगा हुआ है और आज शाम सात बजे आपको एक लाख रुपए की जरूरत है। आप शेयर बाजार में क्लोजिंग के समय देखते हैं कि आपके शेयर की कीमत 1 लाख रुपए + तत्कालीन बाजार मूल्य है। अगर आप शेयर बाजार से कल पैसा निकालने का फैसला करते हैं तो ऐसा भी हो सकता है कि शेयर की कीमत घट जाए और आपको 90 हजार रुपए से ही संतोष करना पड़े।

यही शेयर अगले सप्ताह या अगले महीने आपको 1.25 लाख रुपए भी दिला सकता है।

अल्पकालिक निवेश में जोखिम अधिक होता है। इस तरह का निवेश एक खेल की तरह होता है जिसमें हार-जीत की गुजांइश बनी रहती है।

टुकड़ों में निवेश करें। अगर आपके पास 'एक्स' रुपए हैं तो पूरी रकम के शेयर न खरीदकर पचास फीसदी रकम हमेशा अपने पास ही रखें।

जब मुनाफा हो तभी पुनर्निवेश करें।

शेयर बाजार का आसान सूत्र यही है कि अधिक लालच करने पर अधिक

नुकसान उठाना पड़ सकता है।

शेयर बाजार में दीर्घकालिक निवेश करनेवाले फायदे में रहते हैं। दीर्घकालिक निवेशक को किसी जरूरी कार्य के लिए फौरन रकम निकालने की जरूरत नहीं होती। लंबे समय से घाटे में चल रही कंपनी भी अचानक मुनाफे की स्थिति में आ सकती है और अपने शेयर धारकों को मालामाल कर सकती है।

शेयर का चयन करने से पहले विश्लेषण करें

यह देखा गया है कि निवेशक शेयर बाजार मे पूंजी लगाने से पहले टिप्स या सलाह अवश्य चाहते हैं। ऐसे बहुत ही कम निवेशक होंगे जो स्वयं बिना किसी मशविरे के निवेश करते होंगे। इसी के मद्देनजर यहां कुछ टिप्स दिए जा रहे हैं जो निवेश के समय ध्यान में रखे जाने चाहिए।

साधारण आर्थिक ट्रेंड

सर्वप्रथम टॉप डाउन अप्रोच में हम साधारण अर्थव्यवस्था पर एक नजर डालते हैं। अर्थव्यवस्था एक सागर की लहर की तरह है। जबकि विभिन्न औद्योगिक समूह और व्यक्तिगत कंपनियां नावों के समान हैं। जब अर्थव्यवस्था में तेजी आती है तो ये समूह व कंपनियां लाभ कमाती हैं और अर्थव्यवस्था के उतार के दौरान ये कंपनियां व समूह नकारात्मक रूप से प्रभावित होते हैं।

समूह का चुनाव

बाजार में औद्योगिक समूह की सक्रियता को निर्धारित करने के लिए निवेशक विकास दर, मार्केट साइज और अर्थव्यवस्था के महत्त्व का विश्लेषण जरूर करना चाहेगा। जैसे-जैसे शेयर उतरते-चढ़ते रहते हैं वैसे-वैसे वह समूह भी उतार-चढ़ाव से गुजरता रहता है जो निवेशक को प्रभावित करता है।

चुनिए सर्वश्रेष्ठ

ग्रुप का चुनाव करने के बाद निवेशक को समूह की विभिन्न कंपनियों का विस्तार से विश्लेषण करना चाहिए। निवेशक को उन कंपनियों का चुनाव करना चाहिए जो अपने सेक्टर में सर्वश्रेष्ठ प्रदर्शन करे। इस प्रकार की कंपनियों में उन कंपनियों को शुमार किया जा सकता है जो अपने विस्तार को लेकर सदैव आश्वस्त रही हों।

इसमें ये कंपनियां भी हो सकती हैं जो नए प्रबंधन लक्ष्य की प्राप्ति के

लिए प्रयासरत हैं। एक निवेशक उन कंपनियों की भी छानबीन कर सकता है जो बड़े स्तर पर और तकनीकी सहयोग से अपना लाभ बढ़ाने के लिए संयुक्त कार्य करने जा रही हों। आपको सबसे पहले कंपनी या समूह के व्यवसाय, प्रतियोगी वातावरण एवं भविष्य की योजनाओं को समझना चाहिए।

कंपनियों का रैंक किस प्रकार मार्केट शेयर, उत्पादन और प्रतियोगी प्रतिस्पर्धाओं द्वारा निर्धारित होता है, वर्तमान लीडर कौन है? और एक शेयर में होने वाले बदलाव किस प्रकार वर्तमान संतुलन को प्रभावित करते हैं। किसी कंपनी के प्रतियोगी वातावरण का अध्ययन सही और गलत कंपनी के चुनाव को निर्धारित करता है।

निवेशक को प्रति शेयर मूल्य के सकारात्मक और नकारात्मक प्रभावों का अध्ययन भी करना चाहिए। सबसे पहले उन कंपनियों का चुनाव करना चाहिए जो सकारात्मक आय के प्रति सदैव आश्वस्त हैं और जिनकी आय सकारात्मक रही हो। यह डाटा कंपनियों के वार्षिक डाटा सेक्शन से प्राप्त किया जा सकता है।

वार्षिक विकास दर

कंपनी के दीर्घकालीन लाभ के लिए विकास दर आधार का कार्य करती है। इसे कुछ इस प्रकार समझा जा सकता है।यदि चालू वित्त वर्ष का लाभ पहले 5 सालों की अपेक्षा दोगुना हो तो इसका अर्थ है कि विकास दर 15 प्रतिशत सालाना की दर से बढ़ रही है। इस प्रकार का तुलनात्मक अध्ययन औद्योगिक समूह की औसत से भी किया जा सकता है।

हानि लाभ का मूल्यांकन

निवेशक कंपनी या फर्म की तिमाही बिक्री और प्रति शेयर बिक्री के परिणाम का पिछली तिमाही से तुलनात्मक अध्ययन करने पर लाभ या हानि के परिणाम तक पहुंच सकता है। तिमाही हानि किसी भी कंपनी के भविष्य के लिए शुभ संकेत नहीं हो सकती और निवेशक को इस हानि के कारणों को जानने का प्रयास करना चाहिए।

लाभ मात्रा प्रवृत्ति (प्रोफिट मार्जिन ट्रेंड)

निवेशक जिस कंपनी या फर्म के शेयर में निवेश करना चाहता है, उसे उस कंपनी की शुद्ध लाभ मात्रा और उसकी प्रवृत्ति का भली-भांति अध्ययन कर लेना चाहिए। यदि आयकर की दरें अधिकांशतः' स्थिर रही हैं तो इससे

कर से पहले ही लाभ मात्रा प्रवृत्ति या प्री टैक्स प्रोफिट मार्जिन का अच्छा अनुमान लग जाता है। कर से पहले के लाभ की मात्रा में अंतर सिर्फ कर की दर का होता है। वार्षिक लाभ एवं हानि खाता शुद्ध लाभ के ठीक पहले आयकर की दर दर्शाता है। यही दर यदि विगत पांच वर्षों में अधिकांशत: स्थिर रही है, तो हम शुद्ध लाभ की मात्रा का पता लगा सकते हैं।

ऋण/इक्विटी

किसी भी कंपनी का ऋण/इक्विटी अनुपात इस बात पर निर्भर करता है कि वह किस इंडस्ट्री में कार्यरत है। उदाहरण के लिए पूंजी की बड़ी मात्रा पर निर्भर रहने वाले उद्योग जैसे ऑटो मैन्यूफैक्चरिंग में यह अनुपात दो से ऊपर होना अनुमानित होता है, जबकि व्यक्तिगत प्रयोग के लिए कंप्यूटर वाली कंपनी में 0.5 से नीचे। यदि कंपनी की बढ़ी हुई गतिविधियों या कार्यक्षेत्र के लिए धन जुटाने के लिए अधिक ऋण लिया जाता है तो कंपनी की आय इस ऋण के बिना होने वाली आय से अधिक होने की संभावना होती है। यदि इस ऋण फाइनेंसिंग से आय, ऋण की लागत (ब्याज) से बहुत अधिक मात्रा में बढ़ती है तो शेयर धारकों (शेयर होल्डर्स) को लाभ मिलता है। क्योंकि बढ़ी हुई आय उतने ही शेयर धारकों तक पहुंचती है। इसके विपरीत यदि ऋण फाइनेंसिंग की लागत इससे होने वाली आय से ज्यादा हो जाती है तो कंपनी के दिवालिया होने का खतरा उत्पन्न हो जाता है, जिसका असर आखिरकार शेयर धारकों पर ही पड़ता है।

प्रति शेयर आय (रिटर्न ऑन इक्विटी)

आर.ओ.आई. (रिटर्न ऑन इक्विटी) या प्रति शेयर आय शुद्ध लाभ (एन. पी.)। शेयर धारकों की औसत इक्विटी।

लेकिन, यह भी सत्य है कि सभी ऊंची आर.ओ.आई. वाली कंपनियों में निवेश सही नहीं होता है। कुछ कंपनियों की आर.ओ.आई. ऊंची होती है लेकिन उनके पास संपत्ति (असेट्स) नहीं होती, जैसे कंसल्टिंग फर्म। जबकि, कुछ इंडस्ट्रीज को लाभ का पहला पैसा कमाने से पहले ही बड़ी मात्रा में इन्फ्रास्ट्रक्चर खड़ा करना होता है, जैसे तेल उत्पादक कंपनियां या ऑयल रिफाइनर्स। इसलिए केवल आर.ओ.ई. के आधार पर हम कंसल्टेंट फर्म को ऑयल रिफाइनर से बेहतर निवेश नहीं मान सकते। साधारणतया: ज्यादा पूंजीकी आवश्यकता वाले उद्योग में शुरुआती गतिरोध ज्यादा होते हैं, जिससे प्रतिस्पर्धा

कम होती है। वहीं ऊंची आर.ओ.ई. वाली फर्म, जिसके असेट्स कम होते हैं, को ज्यादा प्रतिस्पर्धा का सामना करना होता है, क्योंकि कम पूंजी की जरूरत के कारण कोई भी वैसा ही कार्य शुरु कर सकता है। बावजूद इसके, अन्य आर्थिक अनुपात सूत्रों की तुलना में आर.ओ.ई. को तुलना के लिए सबसे बेहतर माना जाता है।

वृद्धि की दर (ग्रोथ रेट)

ग्रोथ रेट = रिटेंशन रेट = आर.ओ.ई.

ऊंची आर.ओ.ई. से शीघ्र फायदा नहीं होता है। चूंकि स्टॉक प्राइज को सबसे ज्यादा प्रति शेयरआय (ई.पी.एस.) प्रभावित करती है, इसलिए संभव है कि 20 प्रतिशत आर.ओ.ई. कंपनी के लिए 10 प्रतिशत आर.ओ.ई. कंपनी की तुलना में आय दो गुना (प्राइज/बुक टर्म्स में) दे रहे हों। लाभ हमें अधिक ऊंची दर पर आय के पुनर्निवेश से मिलता है, जो कंपनी को और भी ऊंची वृद्धि दर दिलाता है। साधारणतया आर.ओ.ई. बेमतलब हो जाती है, यदि आय को पुन: निवेश नहीं किया जाए। दीर्घकालीन ग्रोथ मॉडलों में यह देखा गया है कि जो फर्म डिपीडेंट देती हैं उनकी आय में वृद्धि कम हो जाती है। उदाहरण के लिए यदि डिपीडेंट 20 प्रतिशत दिया जाता है तो अनुमानित वृद्धि आर.ओ.ई. का 80 प्रतिशत ही होगी।

आर.ओ.सी.ई.

आर.ओ.सी.ई. कंपनी में निवेश की गई पूंजी की तुलना आय से करती है। यह संपत्ति पर आय (रिटर्न ऑन असेट्स) की तरह ही है, लेकिन इसमें फाइनेंसिंग के स्रोत को भी ध्यान में रखा जाता है। हर डिनोमिनेटर में हमारे पास कुल संपत्ति के स्थान पर शुद्ध संपत्ति (नेट असेट्स) अथवा लगी हुई पूंजी होती है, जबकि अंश (न्यूमरेटर) में कर से पहले का कार्यरत लाभ या ई.बी. आई.टी. (प्री टैक्स ऑपरेटिंग प्रोफिट) होता है। लगी हुई पूंजी (कैपिटल एंप्लोइड) की कई परिभाषाएं होती हैं। साधारण रूप से इसे उद्योग को सुचारु रखने के लिए जरूरी पूंजी के रूप में किया जाता है। लोकप्रिय रूप में इसे कुल संपत्ति में से चालू दायित्व अथवा अचल संपत्ति एवं चालू पूंजी को घटाकर आए मान के रूप में किया जाता है। इसको हम लगी हुई पूंजी = कुल संपत्ति – चालू दायित्व अथवा अचल संपत्ति + चालू पूंजी के फार्मूले के रूप में व्यक्त कर सकते हैं।

सोच समझकर करें शेयर ब्रोकर का चुनाव

दुनिया के सबसे मशहूर निवेशक वारेन बफेट का कहना है कि शेयर ब्रोकर आपका दोस्त नहीं है। वह एक डॉक्टर की तरह होता है जो मरीज से दवा के बदले शुल्क लेता है। यह बेहद सटीक और सही बात है। लेकिन लोग अपने शेयर ब्रोकर के बारे में अधिक जानने की जरूरत नहीं समझते।

ज्यादातर निवेशक अपने शेयर ब्रोकर का नाम, उसकी फर्म और उसके फोन नंबर से अधिक कुछ नहीं जानते। क्या आपने कभी सोचा है जो शेयर आप खरीद रहे हैं या बेच रहे हैं, वे किसके ज्ञान के आधार पर। आप कुछ रिसर्च करते हैं या फिर शेयर ब्रोकर से पूछकर निवेश कारोबार करते हैं। अपने आपसे सच जानिए।

यहां भी एक बात साफ है कि अधिकतर निवेशक अपने शेयर ब्रोकर पर भरोसा करते हैं कि वह जो भी बता रहा है, मेरे फायदे के लिए बता रहा है। कई निवेशक यह कहते मिल जाएंगे कि मेरा शेयर ब्रोकर तो मुझे एक दिन पहले ही बता देता है कि फलां कंपनी के शेयर खरीदें या बेच दें, अथवा मैं कल आपके फलां शेयर बेच कर अमुक कपंनी के शेयर खरीद लूंगा और एक निवेशक चुपचाप इसे स्वीकार कर लेता है।

वह यह सोचता है कि उससे बड़ी वित्तीय स्थिति लेकर बैठा ब्रोकर उससे कहीं ज्यादा जानता है और वह उसके फायदे के लिए ही यह सब कर रहा है। कई लोगों के पास पर्याप्त पैसे तो होते हैं लेकिन शेयर क्या है और कैसी कंपनी में निवेश करें, वह भी उन्हें मालूम नहीं होता।

अधिकतर निवेशक अपने शेयर ब्रोकर के कंधे पर सवार होकर पैसा कमाना चाहते हैं, लेकिन क्या आपने कभी सोचा कि शेयर ब्रोकर केवल और केवल अपने फायदे के लिए ही कार्य कर रहा है।

असल में शेयर ब्रोकर आपका दोस्त नहीं होता बल्कि आपको ऐसा लगता है। लेकिन असल में आप तो उसके कहने से बाजार में घट रही घटनाओं के आधार पर चल रहे होते हैं यानी ब्रोकर आपका संचालन कर रहा होता है।

ब्रोकर ने कहा कि बाजार गिरेगा, बढ़ेगा, यह खरीदो, वह बेचो... लेकिन क्यों... क्या आपने अपने दिमाग का इस्तेमाल किया कि कहीं आप दुनिया की बेहतर बनने जा रही कंपनी के शेयर पूरी कमाई करने से पहले ही तो नहीं बेच रहे हैं या फिर बाजार में आई गिरावट या बढ़त कायम रहेगी, लंबी अवधि में बाजार किस दिशा में जाएगा जबकि फंडामेंटल भी सामने हो। लेकिन इतनी बातें अधिकतर निवेशक सोचते ही नहीं। यदि आपने इस बारे में थोड़ा भी सोचा तो एक उम्दा निवेशक बन सकते हैं।

शेयर ब्रोकर हर बार सौदे करवाकर आपसे अपना कमीशन यानी ब्रोकरेज बना रहा है। वह तो चाहता है कि आप अधिक से अधिक ट्रेडिंग करें और भरपूर कमीशन ब्रोकर के बैंक खाते की शोभा बढ़ाए। मान लीजिए आप सोचते हैं कि पेराडाइन इंफोटेक का शेयर अगले दो साल में 700 रुपए तक जाएगा, लेकिन ब्रोकर आपको कहेगा कि देखो 225 रुपए हो गया है, अब एक बार बेच दो, फिर ले लेना। आपने कहा कि आपको ठीक लगता है न, ब्रोकर ने कहा जी। बस, आपने अपने शेयर बेच दिए लेकिन 218 आते आते उसने कहा कि खरीद लेता हूँ और खरीद लिए।

अब उल्टी स्थिति होती है और आपसे शार्ट सेल करवा लिया कि बाजार तो गिरेगा और आपने ऐसा ही किया, लेकिन दांव उल्टा गिरा तो? कहने का अर्थ यह है कि जब आपको पता है कि यह 700 रुपए तक जाएगा तो क्यों आप एक बेहतर कंपनी के शेयर बेच रहे हैं, बल्कि अपनी क्षमता के अनुरूप खरीदें ताकि बड़ी मात्रा को जब कई साल बाद बेचें तो खूब मुनाफा हो।

लेकिन ट्रेडिंग में तो शेयर ब्रोकर की पौ-बारह रहती है। इसमें सबसे बड़ा खतरा यह होता है कि एक बार आपने बेहतर कंपनी के शेयर बेच दिए और सोचा बाद में फिर खरीद लेंगे लेकिन नहीं पाए क्योंकि यह तेजी से बढ़ रहा है या आपका निवेश किसी और कंपनी में फंस गया एवं धन नहीं है तो आप फिर से इस कंपनी के शेयर नहीं खरीद सकते और महसूस करते हैं कि आपकी फ्लाइट छूट गई।

शेयर ब्रोकर असल में बेहद चतुर वित्तीय विशेषज्ञ होते हैं जो एक सेल्समैन की तरह कार्य करते हैं ताकि उनका कमीशन एवं ब्रोकरेज अधिक से अधिक बने। वे तो चाहते हैं कि आप अधिक से अधिक शेयर खरीदें और बेचें लेकिन उनके कहे अनुसार। शेयर होल्ड करने की स्थिति में आपको वे रखना पसंद नहीं करेंगे।

जब सभी वित्तीय सलाहकार कर रहे हैं कि भारतीय शेयर बाजार का

सेंसेक्स आने वाले दो साल, तीन साल, पांच साल में 25 हजार या 35 हजार पहुंच जाएगा क्योंकि अर्थव्यवस्था वाकई बेहतर कार्य कर रही है तो फिर आप अपना निवेश सेंसेक्स आधारित शेयरों में ही क्यों नहीं लगाते?

सेंसेक्स तो तभी बढ़ेगा न, जब इसमें शामिल कंपनियों के शेयर बढ़ेंगे। तो फिर तैयार हो जाएं खुद विमान के पायलट की सीट पर बैठने के लिए और शेयर ब्रोकर को बैठाइए यानी सीट पर।

शेयर बाजार में करें लाभ का सौदा

अमेरिकी निवेशक बर्नार्ड बारूक का कहना है कि शेयर बाजार केवल फायदे के सौदे करने की वजह है न कि घाटे का। उन्होंने अपनी पुस्तक में लिखा है कि एक नियम गांठ बांधकर रखो कि शेयर बजार में कभी नुकसान नहीं करना। यानी केवल लाभ कमाने के लिए ही शेयर बाजार में कदम रखें। अब जरा यह सोचिए कि ऐसा कोई निवेशक होगा जो शेयर बाजार में घाटा खाने के लिए जाता होगा।

बारूक के नियम में यह रहस्य छिपा है कि कोई भी सौदा करने से पहले पूरा रिसर्च करें और फिर निवेश। यानी उठने वाले एक भी गलत कदम को रोक लेने का अर्थ है नुकसान को रोक लेना। कई लोग इस पर कह सकते हैं कि जो लोग शेयर बाजार में खूब कमाते हैं या घाटा नहीं खाते, ऐसे लोग मुंह में सोने का चम्मच लेकर पैदा होते हैं, लेकिन असल में ऐसी बात नहीं होती।

एक आदमी कहां-कहां निवेश कर सकता है, यह गणित इस दुनिया में आकर ही सीखा जा सकता है। लेकिन बड़ा तबका यह नहीं देखता कि वह कहां निवेश कर रहा है या सुनी सुनाई सूचनाओं के आधार पर निवेश किया जा रहा है या फिर किसी के पीछे-पीछे।

सही निवेशक हमेशा अपना रास्ता खुद बनाते हैं और खूब होमवर्क करते हैं। निवेश करने वाली हर जगह और हर कंपनी के बारे में इतना कुछ मुंह जबानी याद रखते हैं जितना शायद उस कंपनी का कोई निवेशक भी याद नहीं रख पाता होगा। लेकिन हर निवेशक पैसा तो चाहता है फिर भी पढ़ने-लिखने और सूचनाएं जुटाने से बचना चाहता है। वह चाहता है कि सूचनाएं जुटाने की मेहनत कोई और करे, हम केवल मुनाफा हासिल करें।

लोग बड़े-बड़े निवेशकों के बेचारे ड्राइवरों के पीछे पड़े रहते हैं कि सेब्जी फोन पर किस शेयर के बारे में बात कर रहे थे। ड्राइवर ने कुछ सुना और कुछ नहीं-जो बताया लोग दौड़ पड़े। यदि ड्राइवर इतना जानता तो वह खुद सेठ बनकर एक ड्राइवर नहीं रख लेता।

एक टी.वी. चैनल ने एक बार बड़े और प्रसिद्ध निवेशक राकेश झुनझुनवाला से पूछा कि लोग आपके ड्राइवर को पकड़ते हैं कि किस शेयर में पैसा लगाएं।

उन्होंने कहा-तो ड्राइवर को बुलाकर पूछिए और निवेश करने वालों को आप पकड़िए, फिर बताइए कि उनमें से कितने राकेश बने हैं। कहने का मतलब है कि यदि बढ़िया निवेशक बनना है और जमकर कमाना है तो खूब सूचनाएं जुटानी होंगी, उनके सही अर्थ भी निकालने होंगे। इन सूचनाओं का अल्प समय, मध्यम समय और दीर्घकाल में क्या असर पड़ेगा, यह भी विश्लेषण करना होगा।

इटली में जन्मे और अमेरिका में जाकर बसे निवेशक बर्नार्ड बारूक शायद यही कहना चाहते हैं कि खुद मेहनत करो। आप जरा सोचिए जिसने 20 साल पहले अंबालाल साराभाई और बजाज ऑटो के शेयर खरीदे थे उनमें अंबालाल साराभाई के शेयरों की वेल्यू का कोई अता-पता नहीं है, जबकि बजाज ऑटो आज किस जगह खड़ा है सभी को पता है। धीरुभाई अंबानी का कहना था कि सूचना पाने के लिए कोई भी कीमत चुकानी पड़े तो हिचकें नहीं।

दुनिया के सबसे अमीर व्यक्तियों में से एक गिने जाने वाले वारेन बफेट ने अपनी कंपनी बर्क शायर हैथवे' की सालाना आय बैठक में अमीर बनने के कुछ अचूक सूत्र बताए थे जो इस प्रकार हैं:-

1. बांड की तुलना में स्टॉक में निवेश करना ज्यादा फायदेमंद होता है। उनकी नजर में अमेरिका और कोरिया में आप दांव लगा सकते हैं क्योंकि इन दोनों देशों में तेजी रहेगी। हालांकि अमेरिकी डॉलर पर उनकी राय अच्छी नहीं है।

2. निवेश करने से पहले यह जानें कि जिस कंपनी में आप पैसा लगाने जा रहे हैं उसका प्रबंधन कैसा है, उसका कारोबार क्या है। आप जिस दाम पर शेयर खरीद या बेच रहे हैं क्या वह उचित भाव है। उचित कीमत को अनुभव से ही मालूम किया जा सकता है।

3. खूब पढ़ो, जमकर पढ़ो। खुद वारेन बफेट अपना 75 फीसदी समय पढ़ने में गुजारते हैं। शेयर बाजार, निवेश, अर्थव्यवस्था, राजनीति यानी सब कुछ पढ़ो ओर इनका विश्लेषण करो।

4. लंबी अवधि के लिए निवेश करो। यह अवधि वे दस-पन्द्रह साल मानते हैं। वारने बफेट के पास 1980-81 में जारी कोका कोला के शेयर हैं तो वाशिंगटन पोस्ट, अमेरिकन एक्सप्रेस के शेयर भी वे नहीं बेचते। दैनिक कारोबार को वे सही नहीं मानते।

5. शेयर या बांड ऐसी कंपनी का होना चाहिए जो अपने उद्योग या सेवा में नंबर वन हो, वह अनोखी हो, मुनाफा कमा रही हो और उसका आकार बड़ा

हो।

6. बाजार में गैंबलिंग न करें यानी किसी बात की पक्की जानकारी न हो तो उस कंपनी पर इसलिए दांव न खेलें कि आपके पास पैसा है और उसे निवेश करना है। यह न सोचें कि चलो बाद में देखेंगे, एक बार तो रिस्क ले लिया। आपको कोई चीज पता नहीं हो तो किसी से सलाह ले लें।

म्युचुअल फंड में निवेश से पहले दिमागी कसरत जरूरी

ऐसा लगता है कि जिस चीज पर भी 'आम आदमी के लिए' का तमगा लग जाता है, भारत में उसकी बल्ले-बल्ले हो जाती है। चाहे वह मारुति-800 हो या फिर रिलायंस इंफोकॉम का मानसून हंगामा, जिसमें 500 रुपए में उपभोक्ताओं को मोबाइल दिए गए। मजे की बात यह है कि म्युचुअल फंड भी इसी श्रेणी में आते हैं। आम आदमी को उतार-चढ़ाव और जोखिम से भरे शेयर बाजार में निवेश का एक सुरक्षित विकल्प मुहैया कराने के मकसद से शुरु किए गए म्युचुअल फंड आज छोटे निवेशकों के पसंदीदा विकल्प बन गए हैं। इसकी देख-रेख का जिम्मा पेशेवर हाथों में होता है और इसकी लागत भी अपेक्षाकृत कम होती है। इसलिए छोटा निवेशक अपने धन को ज्यादा सुरक्षित महसूस करता है। म्युचुअल फंड अब केवल खुदरा निवेशकों की पसंद नहीं रह गए। बल्कि दूसरे निवेशक भी इसकी ओर खासे आकर्षित हो रहे है।।

1963 में यूनिट ट्रस्ट ऑफ इंडिया बनने के बाद उद्योगों ने तो कई नए मुकाम हासिल किए। लेकिन इसमें असली छलांग तो पिछले कुछ सालों में देखने में आई है। अगर इस क्षेत्र में लगे धन यानी असेट्स अंडर मैनेजमेंट (ए. यू.एम.) के लिहाज से देखें तो मार्च 2003 में निवेश (794 अरब रुपए) के मुकाबले नवंबर 2007 में 6.77 गुना अधिक (5,379 अरब रुपए) हो गया है।

अब सवाल यह उठता है कि आखिर ऐसा क्या हो गया है कि कछुए की चाल से चलने वाला उद्योग आज खरगोश की तरह कुलाचें भरने लगा है? कह सकते हैं कि प्रतियोगिता एक बड़ा कारण रही है और इसकी शुरुआत हुई इस क्षेत्र में निजी खिलाड़ियों के कदम रखने से।

1993 में निजी क्षेत्र को इसमें निवेश की मंजूरी मिली और आंकड़े गवाह हैं कि तब से इसने पीछे मुड़कर नहीं देखा। उनका हिस्सा बेतहाशा बढ़ता चला गया। अपनी तरक्की के दौरान उन्होंने उद्योग को काफी प्रयोगवादी होने और संपत्तियों के निर्माण जैसे बहुत से नए गुर भी सिखाए। विदेशी लेन-देन के जरिए निवेश को आकर्षित करने, अंतर्राष्ट्रीय कंपनियों के साथ साझा कारोबार

करके उन्होंने भारतीय म्युचुअल फंड उद्योग को अंतर्राष्ट्रीय परिदृश्य में ला खड़ा किया। इससे भारत का म्युचुअल फंड कारोबार वैश्विक स्तर को छूने लगा।

निजी क्षेत्र भारतीय बाजार में कई नए विचारों के साथ अवतरित हुए हैं जैसे पहला ओपन एंडेड फंड निजी क्षेत्र और पहला गोल्ड ई.टी.एफ. की देन है। इस तरह के बहुत सारे नए प्रयोग निजी कंपनियों के खाते में जाते हैं। निजी कंपनियों के साथ कड़े मुकाबले की वजह से बाजार में अपने पैर टिकाए रखने के लिए सार्वजनिक क्षेत्रों को भी अपनी दक्षता काफी बढ़ानी पड़ी। इसका फायदा आखिरकार निवेशकों को ही मिला।

अपने उत्पाद के विशेष रूप से निर्माण की खासियत की वजह से रियल इस्टेट फंड, एनर्जी फंड, स्मॉल कंपनीज फंड, इमर्जिंग फंड और कई तरह के दूसरे फंड की वजह से यह क्षेत्र लगातार सीढ़ियां चढ़ता चला गया। अक्टूबर 2003 में जहां 386 स्कीमें थीं वहीं आज इस उद्योग के पास 809 ऐसी शानदार स्कीमें हैं जो लोगों को निवेश के सुरक्षित मौके उपलब्ध करा रही है। इसमें आखिर आश्चर्य की कोई बात नहीं कि निवेशक भी इनकी ओर खिंचे चले आ रहे हैं।

बहरहाल, असली बात यह होती है कि आपने आखिर कितना निवेश आकर्षित किया? इस लिहाज से बात करें तो इसमें कोई शक नहीं कि इंडस्ट्री का तीर सटीक निशाने पर लगा है। आप इसे मानें या न मानें, किंतु यह सच है कि रिटर्न के नजरिए से म्युचुअल फंड में निवेश करनेवला निवेशक खिलखिलाता रहा है, क्योंकि उसे अपने निवेश पर शत-प्रतिशत तक का मुनाफा भी मिला है।

वर्ष 2007 के कारोबार पर ही नजर डालें तो 10 प्रमुख कंपनियों ने 80 प्रतिशत तक का मुनाफा कमाया है। सबसे बढ़िया प्रदर्शन रिलायंस डायवर्सिफाइड पावर सेक्टर फंड का रहा है, जिसने 112 प्रतिशत तक का शानदार मुनाफा कमाया है। इसका सीधा मतलब यह हुआ कि 12 महीने पहले जिस निवेशक ने 10,000 रुपए का निवेश किया था वह आज 21,200 हो चुका है।

ऐसा केवल रिलायंस के मामले में ही नहीं हुआ है। पिछले कुछ सालों में हर फंड से लगभग 100 प्रतिशत का मुनाफा देखने को मिला है। लंबे समय के अंतराल में इक्विटी आधारित म्युचुअल फंड ने भी खास लाभ दिया है।

सबसे बढ़िया प्रदर्शन करने वाले रिलायंस डायवर्सिफाइड पावर सेक्टर फंड के लिए अगर पिछले तीन सालों के मुनाफे पर नजर डालें तो यह 87.80 प्रतिशत और 88.81 प्रतिशत है। इसका मतलब है कि जिन लोगों ने दो और तीन

साल पहले 10,000 रुपए का निवेश किया था, आज उनकी रकम बढ़कर 35,270 और 67,310 रुपए तक जा पहुंची है।

पिछले दो साल के मुनाफे की गणना के लिहाज से देखें तो आई.सी.आई. सी.आई. प्रडेंशियल इंफ्रास्ट्रक्चर में लगाया गया 10,000 रुपया बढ़कर 30,807 रुपए हो चुका है, जबकि टॉरस स्टारशेर में यही रकम बढ़कर 48,784 हो चुकी है। ज्यादातर इक्विटी आधारित म्युचुअल फंड योजनाओं ने उम्मीद से ज्यादा मुनाफा दिया है।

भारतीय इक्विटी बाजार में आई ऐतिहासिक छलांग ने म्युचुअल फंड में निवेश करने वाले निवेशकों को बेशुमार लाभ दिया है। लेकिन यह केवल सिक्के का एक पहलू है। बाजार में तेजी की वजह से केवल इक्विटी आधारित निवेश को ही तगड़ा फायदा मिला है, जबकि डेल्ट फंड कैटेगरी में निवेश करने वालों को कुछ खास हासिल नहीं हुआ है।

पिछले एक वर्ष के रिटर्न के लिहाज से केनेरा रोबेका सी.आई.जी.ओ. ग्रोथ फंड ने बमुश्किल 22.06 प्रतिशत का लाभ दिया है। एस्कॉर्ट्स इनकम बांड ने 19.66 प्रतिशत का लाभ दिया है। अगर लंबे अंतराल पर आंकड़ों की तुलना करनी हो तो पिछले तीन साल के लाभ पर नजर डालनी होगी। इस अवधि में एस्कॉर्ट्स इनकम बांड ने 20.64 प्रतिशत का रिटर्न ही दिया है। ब्याज दरों में उतार-चढ़ाव की वजह से भी निवेशकों को परेशानी होती रही है।

फिलहाल म्युचुअल फंड उद्योग को एक और समस्या का सामना करना पड़ रहा है। कई विश्लेषक मानते हैं कि यह कुछ और नहीं, बल्कि स्पेशलाइज्ड फंड का ओवरफ्लो है। जिस तेजी से स्पेशलाइज्ड फंड ऊंचाइयां छू रहे हैं उसका अंदाजा इसी बात से लगाया जा सकता है कि 11 नए इक्विटी फंड में से 10 स्पेशलाइज्ड फंड के लिए थे।

एक आय निवेशक के लिए यह चिंता का विषय बन गया है। पिछले निवेशक पूरी तरह फंड मैनेजर पर आश्रित रहता था और जोखिम से लेकर सही जगह पर निवेश जैसे निर्णय फंड मैनेजर लेता था। आज निवेशक खुद इसमें दिलचस्पी लेने लगा है। ढेर सारे स्पेशलाइज्ड फंड के आने के कारण आज निवेशक के लिए यह जरूरी हो गया है कि हर फंड से जुड़े जोखिम और दूसरे पहलुओं को बारीकी से समझे, क्योंकि हर फंड का संबंध किसी खास क्षेत्र से होता है।

ऐसे में अगर निवेशक को फैसला लेना है और उसे ऐसा लगता है कि सारा बाजार ही जोखिम से भरा है, तो वह एक प्रशिक्षित निवेशक की तरह

सोचना शुरु करता है। ऐसे में उसे सीधे इक्विटी मार्केट में निवेश ज्यादा फायदेमंद सौदा लगता है। आखिरकार भविष्य में यही निवेश ज्यादा कमाई का जरिया बनेगा।

उदाहरण के लिए सबसे बढ़िया रिटर्न देने वले रिलायंस डायवर्सिफाइड पावर सेक्टर फंड ने एक वर्ष में 112 प्रतिशत का मुनाफा दिया है। इसके निवेश ने जिंदल स्टील एंड पावर लिमिटेड और रिलायंस एनर्जी लिमिटेड के मुकाबले लगभग दोगुनी कमाई की है।

इसलिए इसमें कोई शक नहीं कि दोनों तरफ के फंड के नाम के साथ म्युचुअल फंड का तमगा जुड़ा हुआ तो है, लेकिन इसमें निवेश के बाद निदेशक को हासिल होने वाले लाभ में जमीन–आसमान का फर्क है। कस्टमाइजेशन के नाम पर निवेशक जिस तरह की दुविधा में नजर आता है, उससे साफ है कि म्युचुअल फंड में निवेश कर पैसा बनाने के लिए दिमागी घोड़े को सरपट दौड़ाना बेहद जरूरी है।

दमदार कंपनियां

	कंपनी	बंद होते समय भाव दिसंबर 2007	बंद होते समय भाव (जनवरी 2007)	अंतर प्रतिशत
1.	रिलायंस एनर्जी	1932	523	279.41
2.	एल. एंड टी.	4261	1459	92.05
3.	आर.आई.एल.	2841	1281	121.78
4.	एस.बी.आई.	2436	1254	94.26
5.	एच.डी.एफ.सी.	2920	1620	80.25
6.	एन.टी.पी.सी.	245	138	77.54
7.	टाटा स्टील	833	478	74.27
8.	एच.डी.एफ.सी. बैंक	1721	1068	61.14
9.	रिलायंस कम्युनिकेशन	959	633	51.50

शेयर बाजार का अनुकूल माहौल

वर्ष 2007 में भारतीय शेयर बाजार के सूचकांक ने एक के बाद एक कई रिकॉर्ड तोड़े और कई मील के पत्थर पार किए। इसी वजह से यह कुल मिलाकर इंडेक्स को देखने का ज्यादा मुफीद मौका था और स्टॉक की बात कम थी। अगर हम अंकों की बात करें तो साल का पहला हिस्सा तो उदास ही रहा लेकिन जैसा कि लोग कहते हैं, 'यह तूफान से पहले की खामोशी थी।'

सूचकांक को 14 हजार अकों से 15 हजार तक का सफर तय करने में करीबन सात महीने लग गए। 19 सितंबर 2007 को सूचकांक ने एक और इतिहास रचा। कारोबार के अंतिम घंटों में सूचकांक ने पिछली बंदी में 450 अंकों की उछाल भरते हुए 16 हजार का आंकड़ा पार कर लिया। 15 हजार से 16 हजार की यात्रा में 53 दिन लगे। 26 सितंबर 2007 को संवेदी सूचकांक ने एक और ऊंचाई छुई और 17 हजार के अंकों के पार हो गया।

9 अक्टूबर 2007 को सूचकांक 18 हजार अंकों को छू गया। केवल आठ दिनों में ही यह संभव हो गया। 15 अक्टूबर 2007 को सूचकांक ने 19 हजार का आंकड़ा छू लिया। यह केवल 4 दिनों में ही ली गई उछाल थी। यहां यह बताना जरूरी है कि दोनों की गणना केवल कारोबार के हिसाब से ही होती है, यानी यहां उन्हीं दिनों को गिना गया है जिन दिनों कारोबार हुआ। अमेरिका के फेडरल रिजर्व मीटिंग को देखते हुए फंड की आक्रामक खरीदारी की वजह से 29 अक्टूबर 2007 को 20 हजार अंकों का ऐतिहासिक आंकड़ा भी पार कर लिया-केवल दस कारोबारी दिनों में, उसके बाद से ही न्यूयार्क में चल रही आर्थिक उठा-पटक के कारण भारत में भी सूचकांक प्रभावित हुआ।

अब उन चीजों पर नजर डालें जिसने सूचकांक को एक के बाद एक नई ऊंचाइयां दीं। शेयरों के दाम में हुए तेज बदलाव पर अगर विचार करें तो रिलायंस एनर्जी के स्टॉक हमेशा ही शीर्ष पर रहे। जनवरी में जिसका दाम 523 रुपए था वह अब 1900 रुपए के आसपास है। यह लगभग 300 फीसदी की बढ़ोत्तरी है। दूसरे शब्दों में अगर साल की शुरुआत में आपने एक लाख रुपए का निवेश किया होता तो आज आप 3,70,000 रुपए के मालिक होते। और आपको क्या चाहिए?

रिलायंस एनर्जी निजी क्षेत्र की बड़ी कंपनियों में है। इसका मालिकाना हक अनिल अंबानी की अनिल धीरूभाई अंबानी ग्रुप के पास है। यह एक ऐसी कंपनी है जो ऊर्जा के उत्पादन-वितरण, विपणन और व्यापार में लगी है।

सरकार का ध्यान अभी आधारभूत ढांचों के व्यय को बढ़ाने पर है, जिसमें ऊर्जा भी शामिल है। कंपनी लगातार विकास पथ पर अग्रसर है और यह आसमान छूती बुलंदी को पाने को प्रतिबद्ध है। कंपनी ने शासन ऊर्जा परियोजना, मंबई रेल परियोजना और कृष्ण पट्टनम परियोजना के साथ ही कई और भी महत्त्वपूर्ण परियोजनाएं झटक ली हैं।

आप अगर सोच रहे हैं कि बात यहीं खत्म हो जाती है तो रिलायंस एनर्जी लिमिटेड के पास बहुत कुछ बाकी बचा है। अनिल धीरूभाई अंबानी समूह आर.ई.एल. के अलावा एक दूसरी कंपनी रिलायंस पावर लिमिटेड के नाम से खोलने जा रहा है जो कि विभिन्न गैस, कोयले और जलीय विद्युत परियोजनाएं देश के अलग-अलग हिस्सों में खोलेगी। निवेशकों के लिए अच्छी खबर यह है कि रिलायंस पावर लिमिटेड भी जल्द ही कैपिटल मार्केट के क्षेत्र में उतरने वाली है।

इस सूची में अगला नाम कैपिटल गुड्स के क्षेत्र की कंपनी लार्सन एंड टूब्रो है। एल. एंड टी. भारत की सबसे बड़ी इंजीनियरिंग और निर्माण की सूचीबद्ध कंपनी है। यह आधारभूत संरचना के क्षेत्र में देश की अग्रणी कंपनी है और अग्रिम कर देने की इसकी क्षमता अच्छी है। वर्ष 2007 की शुरुआत में इस कंपनी के स्टॉक का भाव 1459 रुपए का था, जो बाद में 4000 स्तर तक उछला। केवल 192 फीसदी की बढ़त। यानी जनवरी 2007 में निवेशित एक लाख रुपए साल भर बाद 2,92,000 रुपए होते।

सच पूछिए तो पूरी कैपिटल गुड्स इकाई ही मानो रॉकेट की तेजी से बढ़ रही है और अंतिम कुछ छलांगों में इसने संवेदी सूचकांक को 17 हजार से 20 हजार तक पहुंचा दिया। एम.के. शेयर एंड स्टॉक ब्रोकर्स ने एल. एंड टी. की कवरेज से शुरुआत की और एक्युमुलेट संस्तुति और 4,381 रुपए के लक्ष्य के साथ वर्तमान स्तर से सात फीसदी ज्यादा हासिल किया।

सरकार और निजी कंपनियां भारी तौर पर निवेश कर रही हैं और एल. एंड टी. की सफलता सुनिश्चित सी लगती है। इसकी सेवाओं और उत्पाद के दायरे में आधारभूत संरचना का पूरा ही क्षेत्र आता है। यह मौका तो बस मौकों को भुनाने का है।

कंपनी फिलहाल इसकी अलग-अलग व्यापारिक इकाइयों को छह इकाई

और तीन अंगीभूत इकाइयों में बांटने की सोच रही है जो कि आगे भी इसके छिपे मूल्यों और ताकत को दिखाएगी और तब छोटे निवेशकों को भी इस विकास में हिस्सेदारी का मौका मिल सकेगा।

इस सूची में दूसरी कामयाब कंपनी रिलायंस ब्रिगेड की ही रिलायंस इंडस्ट्रीज लिमिटेड (आर.आई.एल.) है। पिछले पांच सालों में ही इसके शेयरों के दाम में 1000 प्रतिशत की बढ़ोतरी हुई है। 2007 में यह दर शानदार 120 फीसदी की रही।

बेटी की शादी से लेकर दैनिक खर्चों तक बेशक आर.आई.एल. खुशहाल जिंदगी का जरूरी मसाला है। यह निवेशकों के लिए वरदान साबित हो रहा है, जिसमें तेल और गैस की खोज भी शामिल है।

रिलायंस इंडस्ट्रीज लिमिटेड के लिए वर्ष 2007 खासतौर पर काफी महत्त्वपूर्ण साबित हुआ। इसकी कावेरी बेसिन में तेल-गैस के भंडारों की खोज और उत्पादन इकाई ने सफलता के नए आयाम लिखे हैं। मुकेश अंबानी ने अब वैश्विक स्तर का उद्योगपति बनने की ठानी है जो कि आर.आई.एल. के हालिया विलय और अधिग्रहण अभियानों से पता चलता है।

रिलायंस पैट्रोलियम लिमिटेड (आर.पी.एल.) का गुजरात के जामनगर में स्थित पेट्रो-रिफाइनरी निश्चित तौर पर आर.आई.एल. के इतिहास में एक नया अध्याय लिखेगी। इसके शेयर धारकों के फायदे का तो पूछिए ही मत। आर. पी.एल. विश्व की सबसे बड़ी रिफाइनरी में शुमार होगी जिसने परियोजनाओं के कार्यान्वयन और धन बढ़ाने के मामले में नए आयाम बनाए हैं। इसका शेयर का दाम जनवरी 2007 में 60 रुपए था जो नवंबर 2007 में बढ़कर 290 रुपए हो गया।

वर्ष 2007 में स्टेट बैंक ऑफ इंडिया का प्रदर्शन भी शानदार रहा है। उल्लेखनीय है कि 2007 में स्टेट बैंक ने 94 फीसदी स्टॉक रिटर्न किया। जहां वर्ष 2007 की शुरुआत में इसका स्टॉक 1254 रुपए का था, वही साल के अंत में 2436 रुपए का हो गया। जनवरी 2007 में निवेश किया गया एक लाख रुपए साल के अंत में एक लाख 94 हजार रुपए बन गया।

2007 के उत्तरार्द्ध में स्टेट बैंक के स्टॉक को गति मिली। इसका कारण सरकार का इसमें रुचि लेना था जो एस.बी.आई. की सबसे बड़ी शेयर धारक है। साथ ही पूंजी बढ़ाने की योजना भी एक अहम कारण था।

सरकार ने करीब 16 हजार करोड़ रुपए के राइट्स ईशू करने का बन बना लिया है जिसमें सरकार की साझेदारी 10 हजार करोड़ रुपए की होगी। इस तरह

की योजनाबद्ध पूंजी निर्माण योजना और 2009 तक बैंकिंग में उदारीकरण के साथ ही स्टॉक लगातार नए लोगों को नए मौके देगा।

ये कुछ ऐसे चंद उदाहरण हैं जिन्होंने निवेशकों को लगातार धन मुहैया कराए और अपने मजबूत आधार की वजह से यह आने वाले दिनों में भी निवेशकों के लिए सोने की खान साबित होगा।

उपयोगी पत्र-पत्रिकाएं

Hindu Business Line
The Economic Times
The Financial Express
The Business Standard
Capital Market
Business India
Business World
Business Today
Outlook Money
Dalal Street Journal
Bajaj Capital Investers India

महत्त्वपूर्ण वैब साइट्स

www.bseindia.com
www.nseindia.com
www.sebi.gov.in
www.equitymastel.com
www.sharekhan.com
www.capitalmarket.com
www.indiabulls.com.
www.moneycontrol.com
www.mutualfundsindia.com
www.myiris.com
www.nsdl.co.in
www.icicidirect.com
www.indianinfoline.com
www.investmartindia.com
www.capitalideasonline.com
www.nyse.com
www.nasdag.com

महत्त्वपूर्ण पते

बी.एस.ई. मुख्यालय

स्टॉक एक्सचेंज
फिरोज जीजीभाय टावर्स
दलाल स्ट्रीट
मुंबई - 400001
फोन : 91-22-22721233/4
फैक्स : 91-22-22721552
वेबसाइट : www.bseindia.com

एन.एस.ई. कार्पोरेट कार्यालय

नेशनल स्टॉक एक्सचेंज ऑफ इंडिया लिमिटेड
एक्सचेंज प्लाजा
प्लाट संख्या सी/1, जी ब्लॉक,
बांद्रा-कुरजा कांपलैक्स
बांद्रा (पूर्वी)
मुंबई - 400051
फोन : 91-22-26598100-8114
वेबसाइट : www.nseindia.com

सेबी मुख्यालय

सिक्योर्टीज एंड एक्सचेंज बोर्ड ऑफ इंडिया
मित्तल कोर्ट, 'बी' विंग, पहली मंजिल
224 नारीमन प्वाईंट
मुंबई - 400021
फोन : 91-22-22850451-56, 22880962-70
फैक्स : 91-22-22045633, 22021073
वेबसाइट : www.sebi.gov.in